透析股票

K线 专项技术实操应用

郑 葭◎编著 | 图解版 |

中国铁道出版社有限公司

CHINA RAILWAY PUBLISHING HOUSE CO., LTD.

图书在版编目（CIP）数据

透析股票 K 线专项技术实操应用 ：图解版 ／ 郑葭
编著. -- 北京 ：中国铁道出版社有限公司，2024. 12.
ISBN 978-7-113-31777-5

Ⅰ. F830.91-64

中国国家版本馆 CIP 数据核字第 2024KZ6081 号

书　　名：**透析股票 K 线专项技术实操应用（图解版）**
　　　　　TOUXI GUPIAO K XIAN ZHUANXIANG JISHU SHICAO YINGYONG
　　　　　（TUJIE BAN）
作　　者：郑　葭

责任编辑：杨　旭　**编辑部电话**：（010）51873274　**电子邮箱**：823401342@qq.com
封面设计：宿　萌
责任校对：刘　畅
责任印制：赵星辰

出版发行：中国铁道出版社有限公司（100054，北京市西城区右安门西街 8 号）
网　　址：https://www.tdpress.com
印　　刷：三河市宏盛印务有限公司
版　　次：2024 年 12 月第 1 版　2024 年 12 月第 1 次印刷
开　　本：710 mm×1 000 mm 1/16　**印张**：11.5　**字数**：170 千
书　　号：ISBN 978-7-113-31777-5
定　　价：69.00 元

前言

K线形态分析一直是股市技术分析中一个备受关注的分支，毕竟股票的运行趋势、历史信息、交易数据、市场供需关系等都包含在一根根K线之中。一个完整的K线图能够把一段特定时间内的股票市场状况和表现完全记录下来，并在图上形成一种特殊区域或形态，不同的形态会显示出不同的意义。

具体来讲，K线是一条柱状的线条，由影线和实体组成。实体上方的线段部分为上影线，下方的线段部分为下影线，分别表示当日的最高价和最低价。K线实体则根据当天的股价涨跌情况分为阳线和阴线，其中阴线的实体上端是当天的开盘价，下端是收盘价，意为股价向下跌；阳线的实体上端是当天的收盘价，下端是开盘价，意为股价向上涨。

不同的开盘价、收盘价、最高价和最低价的关系会形成各种各样的K线形态，比如一字涨停、一字跌停、十字星线、光头光脚线等。而一些本身较为普通的K线通过某种特殊的位置关系联系在一起且出现在特定行情中时，就会拥有较强的买卖分析价值。若K线与某些技术指标结合使用，也可能产生一些具有看涨或看跌意义的特殊形态。

为帮助投资者更加系统地了解和学习这些繁杂的K线形态，本书从多个角度深入探讨了K线分析技术，并分为六章进行讲解，具体如下：

第 1 章主要讲解短期 K 线看涨形态，包含单根 K 线形态和多根 K 线组合形态。

第 2 章主要讲解中长期 K 线组合买入形态，包含底部 K 线组合和整理位 K 线组合。

第 3 章主要讲解短期 K 线看跌形态，包含单根 K 线形态和多根 K 线组合形态。

第 4 章主要讲解中长期 K 线组合卖出形态，包含顶部 K 线组合和整理位 K 线组合。

第 5 章主要讲解 K 线与常用指标结合的形态，指标包含均线、趋势线和成交量。

第 6 章主要讲解 K 线专项分析技术的实战解析，包含两只股票的牛熊两段走势。

本书内容由浅入深、循序渐进，在讲解理论知识的同时融入了大量的典型实例，基于真实的行情走势进行细致分析，让读者感受各种 K 线技法在实际操盘中的具体应用。

最后，希望所有读者通过对书中知识的学习提升自己的炒股技能，收获更多的投资收益。但任何投资都有风险，也希望广大投资者在入市和操作过程中谨慎从事，规避风险。

郑　莨
2024 年 10 月

目 录

第 2 章　中长期 K 线组合买入形态

第 4 章　中长期 K 线组合卖出形态

第 5 章　K 线与常用指标结合研判

第1章

短期K线看涨形态详解

　　K线的形态众多，结构丰富。根据形态构成的K线数量，可将其分为短期K线形态和中长期K线组合形态。本章要讲解的就是由较少数量的K线构成的短期看涨形态，目的是帮助投资者初步掌握K线用法，为后续学习中长期K线组合形态打好基础。但要注意，投资者不可将理论知识作为股市运行铁律看待，实战中需要具体问题具体分析。

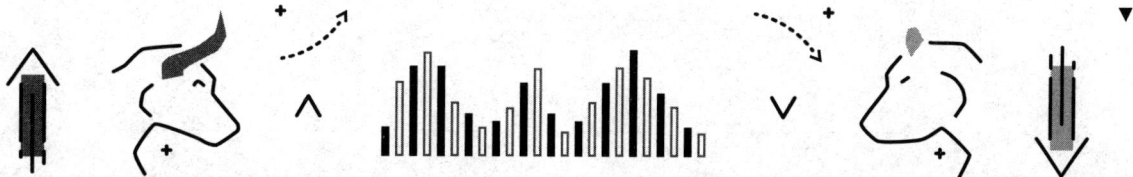

1.1 单根看涨K线技术分析

单根看涨K线形态是由一根K线形成的，能够传递出积极信号的形态。当这些形态出现在特定的位置，比如处在行情底部、阶段底部时，会有较高的参考价值。

不过需要注意的是，单根看涨K线形态由于构筑时间过短，条件也不算苛刻，因此，只能形成短期有效信号，无法准确预示出涨跌趋势的转折。因此，投资者还需结合整体情况分析出行情走向，再通过单根K线看涨形态来确定买点。

下面就来看单根K线有哪些值得关注的看涨形态。

1.1.1 光头光脚大阳线

光头光脚大阳线指的是个股当日的开盘价与最低价相等，收盘价与最高价相等，K线只有实体没有上下影线的特殊形态，如图1-1所示。

技术图示 突破关键线的光头光脚大阳线

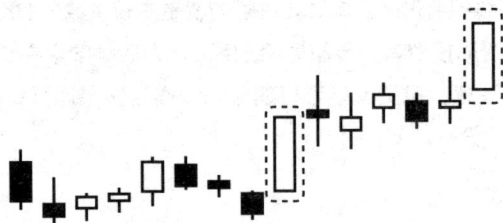

图1-1　形态示意图

一般情况下，个股在光头光脚大阳线当日开盘后，整体会呈现出积极的上升状态，盘中即便有回调，低点也没有跌破过开盘价，最终以高价收盘。说明在短时间内，市场的买盘活跃度非常高，放到K线图中属于明显的强势信号。

股价若是在突破的关键时刻形成这种走势，那么后续就有可能开启一波连续上涨，但也不排除大幅上涨后迅速回调的可能。因此，投资者可以保持持有状态，根据实际情况选择合适的卖点。

接下来通过实例进行深入学习。

实例分析 天孚通信（300394）光头光脚大阳线预示拉升

图 1-2 为天孚通信 2023 年 3 月到 6 月的 K 线图。

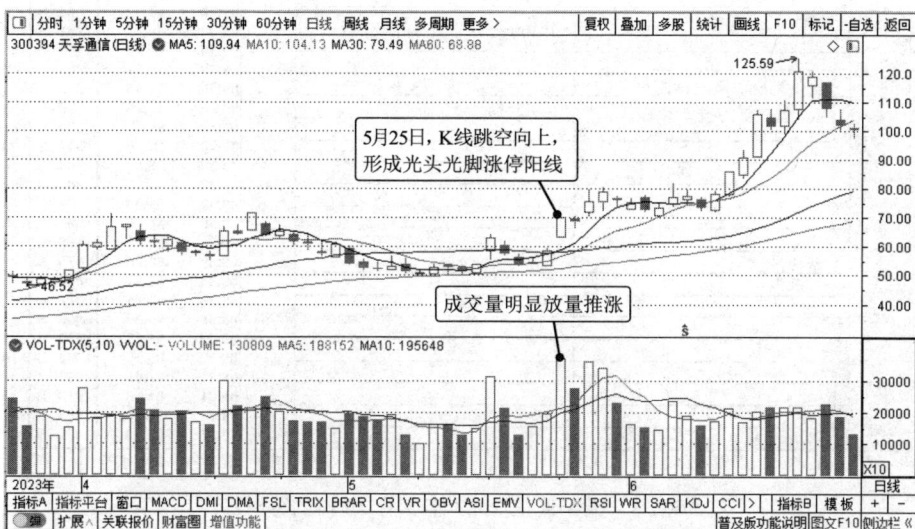

图 1-2　天孚通信 2023 年 3 月到 6 月的 K 线图

从天孚通信的前期走势可以看到，股价在 2023 年 4 月初上涨到 70.00 元价位线附近时受阻，短暂滞涨后回调，落到 30 日均线上方不远处止跌，并很快再次上冲。

但股价的第二次上涨也没能越过 70.00 元价位线，说明这是一条带有较强压制作用的关键线。后续股价是否还具有参与价值，主要取决于价格是否能够对该压力线形成突破。

二次突破失败后，股价拐头向下，一路滑落至 50.00 元价位线附近才企稳横盘。这时 30 日均线已经被跌破，但 60 日均线依旧具有支撑性，短线投资者可以先行卖出观望，中长线投资者则不着急卖出。

5 月中旬，股价有过一次跳空向上收阳，但只是小幅越过 30 日均线，没能实现彻底突破，因此买入时机不成熟。

数日之后，股价再次连续收阳向上，在 5 月 25 日大幅向上越过 30 日均线，同时也接触到了 70.00 元的关键线，变盘时机即将出现，投资者可进入当日的分时走势中进一步观察。

图 1-3 为天孚通信 2023 年 5 月 25 日的分时图。

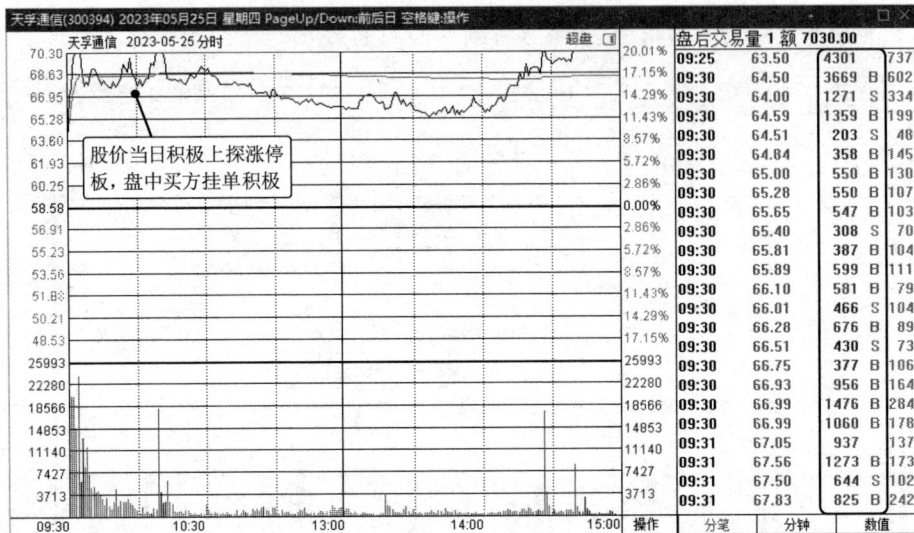

图 1-3　天孚通信 2023 年 5 月 25 日的分时图

在股价线走势中，该股当日明显是以向上跳空的高价开盘的，并且在开盘后就立即被大量能推动直线拉升到涨停板上，右侧的分笔交易数据窗口也证实了当时市场买盘的挂单积极性。

涨停后，股价并未立即封板，而是开板后小幅回落交易，不过低点并未跌破开盘价。在经历一整个交易日的震荡后，该股最终还是回到了涨停板上收盘，形成一根光头光脚的涨停大阳线。

然而尽管当日走势积极，成交量放出巨量推动，K 线形态也预示出买入信号，但股价还未成功突破关键压力线，激进型投资者要注意轻仓介入，谨慎型投资者尚需等待。

回到 K 线图中观察后续的走势。该股在光头光脚大阳线形成的次日收阴横盘，不过再往后一个交易日就实现了突破，并在后续回踩不破。

虽然这也使得股价受到了下一条压力线的限制，但股价的上涨正是由一层一层的突破构成的。只要价格低点不跌破支撑线，投资者就可以在这些突破的位置分批建仓或是适当加仓，抓住后续涨幅。

1.1.2 倒锤子线

倒锤子线是指实体较小、上影线较长、不带有下影线的特殊 K 线,整体形似一把倒置的锤子。其中,上影线的长度至少要是 K 线实体的两倍,这样形态才算标准。

倒锤子线可能形成于行情的各个位置,但只有在一些特殊情况下才具有较高的参考价值。比如下跌底部倒锤子线,就是一种反转上涨的预示,如图 1-4 所示。

技术图示 底部反转倒锤子线

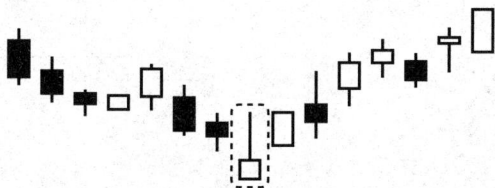

图 1-4 形态示意图

要形成倒锤子线,股价线必定在盘中出现过冲高回落的走势,并且上冲的幅度较大。放在长期下跌的后期,这样的突兀拉升往往意味着主力或是市场买方在推涨之前的试盘,通过一次快速拉升确定上方压力后,买方就可能开始大力注资,开启一波上涨。

但如果试探的结果不佳,买方认为当前时机仍不成熟,就会放弃拉升,股价很快回归下跌。因此,投资者在发现倒锤子线后最好不要立即建仓,而是应观察后续的发展情况,待到股价有稳定上涨趋势后再买入也不迟。

接下来通过实例进行深入学习。

实例分析 华电辽能(600396)倒锤子线买入信号

图 1-5 为华电辽能 2023 年 12 月到 2024 年 5 月的 K 线图。

观察华电辽能在 2024 年 1 月的走势可以发现,股价在前期几乎一直维持在 2.60 元价位线附近横向震荡,与中长期均线黏合在一起。很显然,这种走势不适合投资者参与,因此成交量长期走平。

1 月底,股价突然在成交量巨幅放量的影响下快速上涨,收出的一根长阳线明显突破 2.60 元价位线和中长期均线，看似有开启上涨的可能。但次日股价收出冲高回落的阴线之后，K 线就开始逐步下跌，越到后期跌速越快，甚至出现连续跌停的走势，成交量活跃度相较于前期也更高。

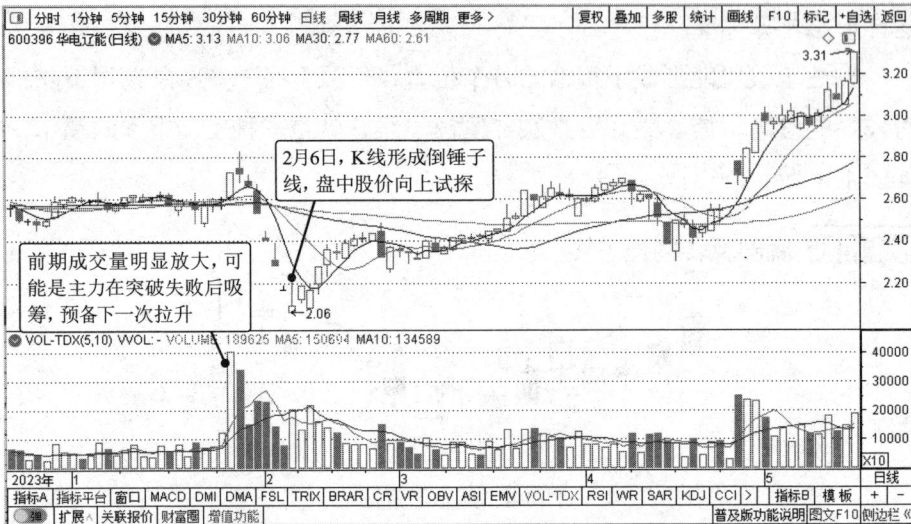

图 1-5　华电辽能 2023 年 12 月到 2024 年 5 月的 K 线图

这种明显的异常往往归结于主力的参与，其目的可能是想在横盘后期通过快速的拉升开启上涨行情，但低估了盘中的阻力导致拉升失败，于是迅速压价吸筹，蓄积下一次推涨的力量。不过主力也可能在一开始就准备先吸筹再拉升，股价的短期上涨是因为主力在大量购入筹码，以备在后续挂出大批低价卖单，从而达到压价目的。

无论出于何种原因，短期看跌的形态已成定局，长期看涨的信号尚未得到验证，场内外投资者都可以保持观望，等待变盘时机的到来。

2 月 6 日，股价下跌到 2.20 元价位线下方后冲高回落，收出一根带有长上影线的小实体阳线，上影线长度远超实体长度，倒锤子线成型，预示出反转信号。在分时走势中能够更加清晰地观察到这一点。

图 1-6 为华电辽能 2024 年 2 月 6 日的分时图。

从图 1-6 中可以看到，该股当日是以跌停开盘的，在近一个小时的封板之后，盘中出现一根巨大的量柱将跌停板砸开，股价开始震荡运行，期间又回归跌停板。不过在下午时段开盘后，股价再度向上积极拉升，一度冲到了最高 2.21 元，振幅达 6.91%，变动十分剧烈。

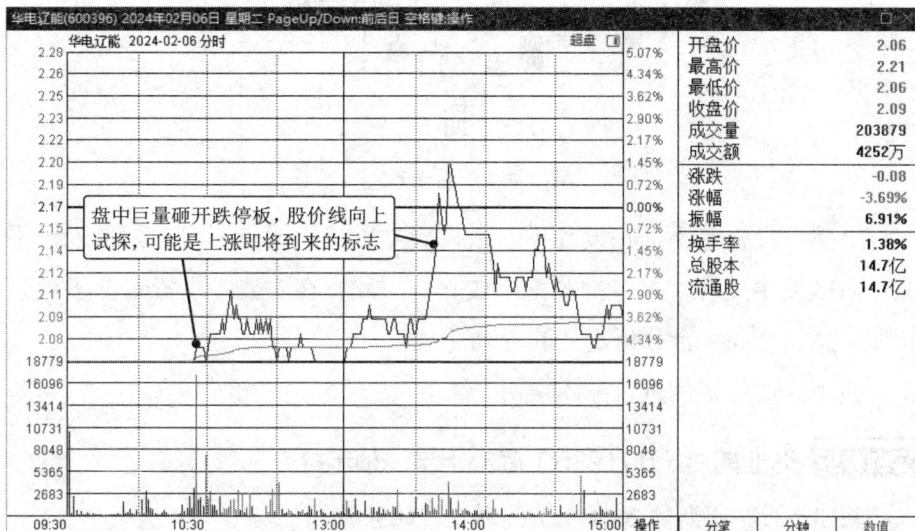

图 1-6　华电辽能 2024 年 2 月 6 日的分时图

虽然该股最终还是下跌收盘，但当日形成的倒锤子线结合前期对主力压价吸筹的推测来看，可能就是上涨开启的标志，投资者可对其保持高度关注。

其后数天，K 线连续收阳上涨，很快便向上接近 30 日均线，价格也来到了 2.40 元价位线附近，相较于前期已经是非常积极的上涨了。后续股价于 3 月中旬彻底将两条中长期均线突破，确定了一波稳定上涨的形成，这时投资者就可以大胆跟进。

1.1.3　底部十字线

底部十字线的重点在于十字线本身，这是一种十分特殊的 K 线形态，股价当日的开盘价和收盘价一致，因此没有实体。不过由于盘中股价形成过震荡，最高价和最低价与开盘价、收盘价不一致，由此延伸出上下影线，形成一个类似十字的形态。

当其出现在阶段底部或是行情底部时，就可能意味着多空双方正在拉扯和较量，变盘即将形成，如图 1-7 所示。

技术图示 底部反转位的十字线

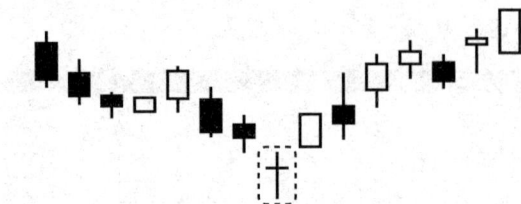

图 1-7　形态示意图

当然，投资者不能在发现十字线后就立即确定买点形成，如果股价不能在后续发生反转，这些推测都不成立。因此，在实战中投资者要多观察其他信息，全面综合分析走势的变动。

接下来通过实例进行深入学习。

实例分析 弘业期货（001236）底部十字线预示拉升

图 1-8 为弘业期货 2024 年 7 月到 9 月的 K 线图。

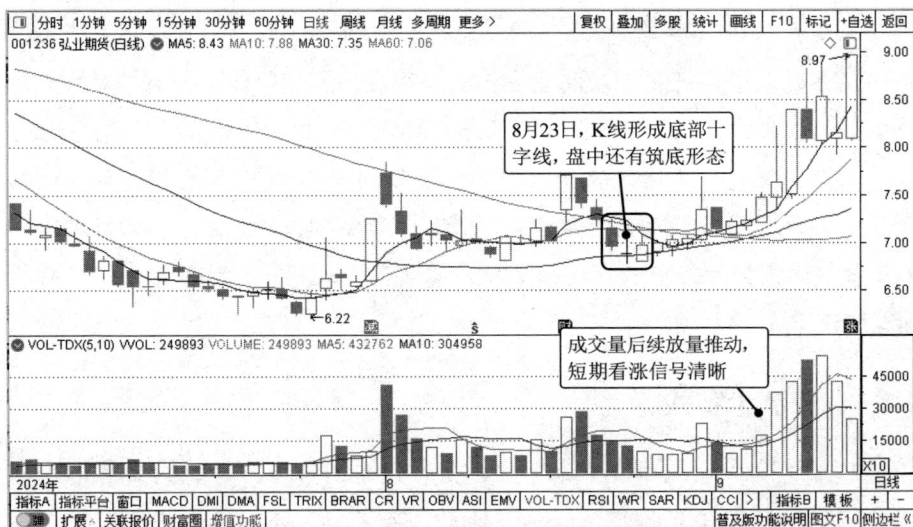

图 1-8　弘业期货 2024 年 7 月到 9 月的 K 线图

从弘业期货这段走势中的中长期均线表现来看，K 线在前期必定经历过大幅下跌，才会与中长期均线产生如此大的乖离。而且到下跌后期，均线组合还形成了空头排列的持续性看跌形态（具体形态为短期均线在下，中长期均线在上依次排列，均线之间没有接触）。这些都充分说明该股前期的颓势，投资者不可轻易参与。

2024 年 7 月底，股价在 6.22 元的位置触底后开始上涨，数日后成功突破 30 日均线的压制，破坏空头排列形态的同时传递出反弹信号。之所以是反弹信号，是因为 60 日均线仍保持着压制，K 线没有突破成功之前，投资者要谨慎观望。

股价在第一次上涨接触到 60 日均线后没有实现突破，而是拐头向下回调至 30 日均线附近，低点并未跌破前期，说明后市可能还有上涨机会。

8 月中旬，股价再次上冲，这一次虽然成功越过了 60 日均线，但没能维持住上涨，一个交易日后又开始收阴下跌。

8 月 23 日，K 线踩在 30 日均线上收出一根十字线止跌，同时盘中也有筑底形态出现，下面来分析其分时走势。

图 1-9 为弘业期货 2024 年 8 月 22 日到 26 日的分时图。

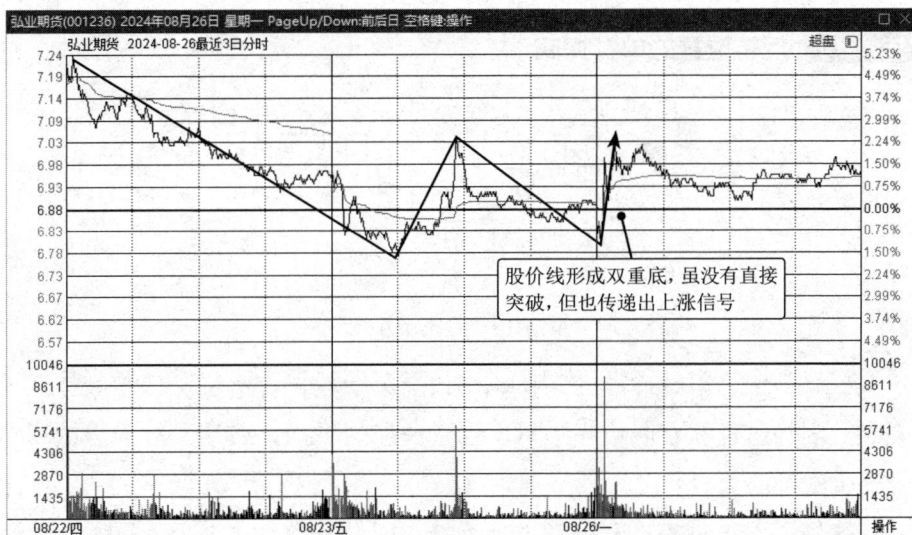

图 1-9　弘业期货 2024 年 8 月 22 日到 26 日的分时图

图 1-9 展示的是弘业期货下跌到 30 日均线附近时的几个关键交易日。从股价线的走势不难看出，8 月 22 日该股还在整日震荡下跌，8 月 23 日的走势就缓和了很多，股价线甚至还有冲高回落的试盘。8 月 26 日，股价更是在开盘后被大量能推动快速上涨，最终收出阳线。

除了 8 月 23 日本身的十字线反转形态以外，这三日的股价线还联合构筑出了一个清晰的双重底。这是一种具有很高参考价值的底部看涨形态，传递出的信号与底部十字线相似。那么即便股价线没有在 8 月 26 日突破前期高点，投资者也可以大胆猜测后市会延续当前的上涨。

回到 K 线图中继续观察。该股在此之后果然连续收阳，虽然涨速并不快，但也在缓慢向上攀升，直至凭借一根大阳线成功突破 60 日均线。后续股价的回踩不破和成交量配合放量更加证实了上涨的来临，谨慎型投资者此时也可以建仓入场。

1.1.4 单针探底

单针探底是指在下跌趋势的底部，个股收出的一根带有长下影线的小实体 K 线。该 K 线不限阴阳，甚至也不限实体长度，只要下影线够长就可以，毕竟形态的重点在于其中的"针"，如图 1-10 所示。

技术图示 **反转位置的单针探底**

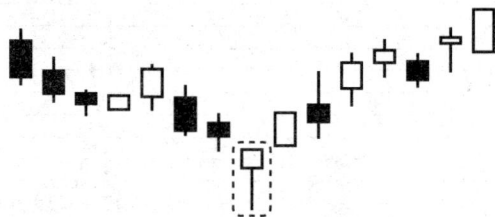

图 1-10　形态示意图

一般来说，单针探底的实体越小，下影线越长，形态反转的信号就越强烈。因为这意味着股价在当日出现过快速的下探，后续又被强势拉回到开盘价附近。

这样的走势一般需要刻意推动才能实现，通常只有主力才有实力和精力去做这些，目的很有可能是在低价区域快速压盘，让散户抛售，自己得以低成本吸纳筹码，以备后市拉升。

除此之外，如果主力在前期已经进行过一波压价吸筹，这里的单针探底就可能是一次对下方支撑力的试探，观察盘中的买卖双方力度对比和其他主力的参与情况。若时机合适，主力可能会立即开启拉升。

因此，投资者在发现单针探底形态出现后，K 线开始筑底或震荡收阳，就可以对个股保持高度关注。激进型投资者可以尝试轻仓买入，谨慎型投资者则可以开始筹集资金准备入场。

接下来通过实例进行深入学习。

实例分析 唐德影视（300426）单针探底预示转折

图 1-11 为唐德影视 2024 年 1 月到 4 月的 K 线图。

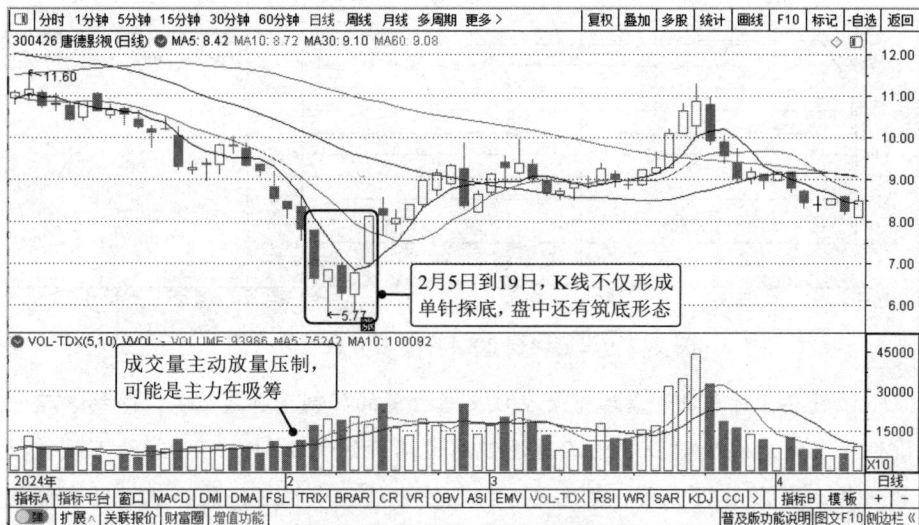

图 1-11 唐德影视 2024 年 1 月到 4 月的 K 线图

从 2024 年 1 月上旬开始，唐德影视的股价就进入了持续的下跌之中，由于跌势稳定，均线组合很快形成空头排列形态，即便是 K 线的收阳反弹都没能破坏其压制作用，投资者自然也不能参与其中。

在一次反弹突破失败后，该股下跌的速度越来越快，阴线实体也越来越长。观察这段时间的成交量可以发现，量能有小幅的放大，说明股价的加速下跌大概率是卖方主动压价所致。

很显然，在下跌后期主动压价的基本只有主力，目的极有可能是低价吸筹。分析出这一点的投资者要打起精神了，说不定反转信号很快就会出现。

事实也确实如此，股价在 2 月 6 日快速下探，创出 5.77 元新低的同时也收出一根带长下影线的小实体阳线，可能是单针探底形态。下面进入当日的分时走势观察是否有更多信息。

图 1-12 为唐德影视 2024 年 2 月 6 日的分时图。

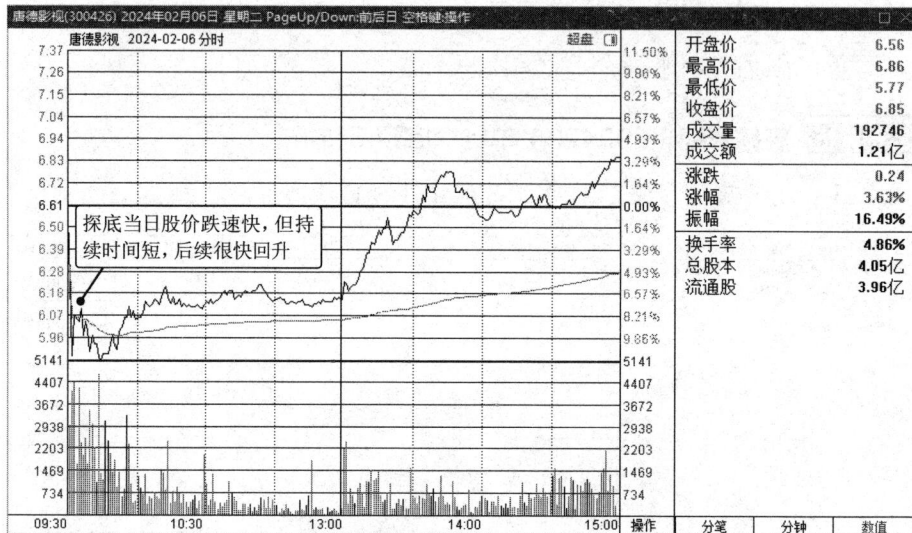

图 1-12　唐德影视 2024 年 2 月 6 日的分时图

该股在 2 月 6 日开盘后先是在成交量放量的压制下直线暴跌，落到 5.77 元价位线上方后迅速被拉起，不过没能越过均价线的压制，而是继续下跌并接触到当日最低价 5.77 元。在此之后，股价才被逐步拉起，最终越过开盘价收出阳线。

借助当日的分时走势虽然能够帮助投资者看清探底的过程，但实际上并没有更加有效的反转预示，那么投资者就要继续等待时机。

下面回到 K 线图中继续观察。股价此后在 6.00 元价位线上方横向震荡了数日，最终于 2 月 19 日大幅收阳向上。这时候回到分时图中，将时间周期拉长分析，就可以观察到一个清晰的筑底形态。

图 1-13 为唐德影视 2024 年 2 月 5 日到 19 日的分时图。

将该股的下跌→筑底震荡→上涨这几个交易日的分时股价线结合起来分析不难发现，该股在 2 月 6 日和 8 日的最低价十分接近，中间正好又有一次上升和回落，形成的两个波谷与一个波峰构筑出了双重底形态。

通过上一个案例的学习投资者可以知道，这是股价即将发生反转的标志。

而且此时的股价已经成功突破波峰高点，买入信号已经出现。

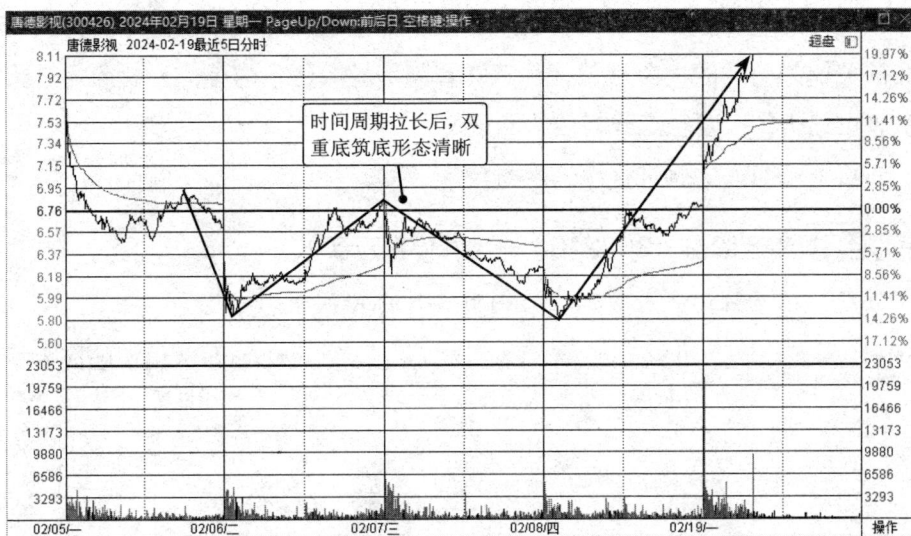

图 1-13　唐德影视 2024 年 2 月 5 日到 19 日的分时图

　　结合 K 线图中主力前期的压价吸筹和股价收出的单针探底形态，投资者基本可以推断出一波上涨或是强势反弹在即，因此可以试探跟进。

1.1.5　一字涨停

　　一字涨停是指个股当日的开盘价、收盘价、最高价和最低价完全一致，导致 K 线没有实体也没有影线，只有一条一字线，如图 1-14 所示。

技术图示　上涨过程中的一字涨停

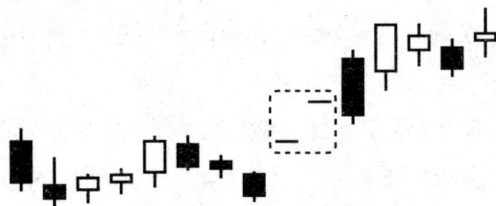

图 1-14　形态示意图

　　一字涨停不是那么容易出现的，需要多方在集合竞价期间就将价格抬高到涨停板上，开盘后还要在大量买卖盘的冲击下长期维持，直至收盘。

所以不用说投资者应该都知道，这大概率是主力造成的。

其目的还要根据当前的行情来分析，在上涨初期或上涨途中，尤其是突破关键线前后的一字涨停往往意味着强势拉升，信号偏向积极看好，投资者可跟进，但要注意开板后的回调。

接下来通过实例进行深入学习。

实例分析 森远股份（300210）一字涨停预示买入

图 1-15 为森远股份 2024 年 1 月到 3 月的 K 线图。

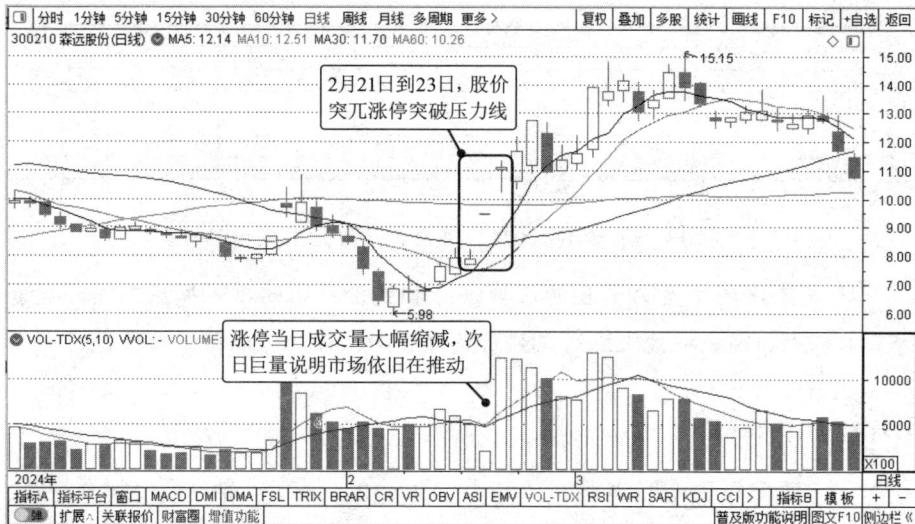

图 1-15　森远股份 2024 年 1 月到 3 月的 K 线图

在森远股份的这段走势中，30 日均线在 2024 年 1 月就已经被扭转向下，对股价保持着压制作用，但 60 日均线仍在上升直到 1 月底才被扭转。这时的股价刚结束一波反弹，正在进入快速下跌之中。

这看似是下跌延续的征兆，但投资者仔细观察下方的成交量就会发现，虽然下跌期间的量能相较于数日之前反弹期间的较少，不过仍旧是处于活跃状态的，这说明市场在积极交易。根据前面突兀形成的巨量来看，其中大概率有主力在参与，目的可能是吸筹。那么投资者就要注意了，后续股价可能会产生反转。

进入 2 月后不久，股价在 5.98 元的位置触底后收阳，随后小幅回升，涨速越来越快，直至在 2 月 22 日形成一根一字涨停线，飞跃到 30 日均线之上。下面来观察涨停前后几个关键交易日的分时走势。

图 1-16 为森远股份 2024 年 2 月 21 日到 23 日的分时图。

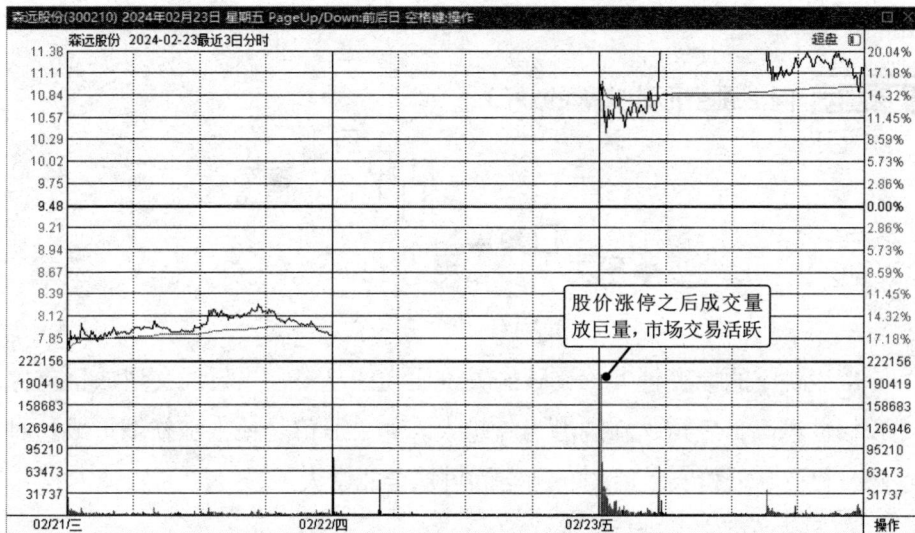

图 1-16　森远股份 2024 年 2 月 21 日到 23 日的分时图

2 月 21 日是股价仍在 30 日均线下方徘徊的一个交易日，股价线在其中的走势比较平淡，临近收盘时还小幅回落，说明在 30 日均线处受到了阻碍。不过 2 月 22 日的突兀涨停无疑彻底突破了这一压力线，大量投资者因为反应不及被挡住，想要买入就只能等待下一个交易日开盘后。

2 月 23 日，股价在开盘后依旧相较于前期明显抬升，只是在大批获利盘抛售的压制下小幅下跌了一段，之后又积极回升到涨停板上，前日没来得及介入的投资者这时就可以抓住机会。

回到 K 线图中继续分析。股价在后续依旧保持着收阳上升，只是涨速有所减缓，这是非常正常的。在经历一次回调后，价格持续上升，投资者获利颇丰，但要注意及时在股价转折下跌之前兑利。

1.1.6　交易密集区缺口线

交易密集区指的是股价长期横向震荡、小幅波动的区域，期间 K 线实体普遍偏小，往往长期被压制在某一条关键压力线之下，比如前期高点或中长期均线。

若K线能够在横盘后期突然跳空向上收阳，在成功突破关键压力线的同时与前一根K线产生缺口，就意味着盘整结束，一波强势上涨即将成型，如图1-17所示。

技术图示 向上跳空形成突破的缺口

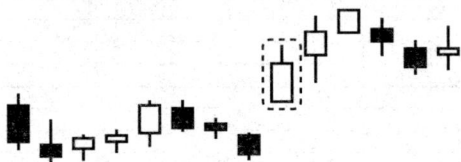

图1-17　形态示意图

K线跳空的幅度越大，突破的关键压力线越多，当日成交量放量支撑的积极性越高，后市上涨的潜力就越大。如果股价是在上涨初期形成这种走势，投资者低价买入后的获利空间可能会非常大。

接下来通过实例进行深入学习。

实例分析 中威电子（300270）交易密集区缺口线实战

图1-18为中威电子2022年11月到2023年3月的K线图。

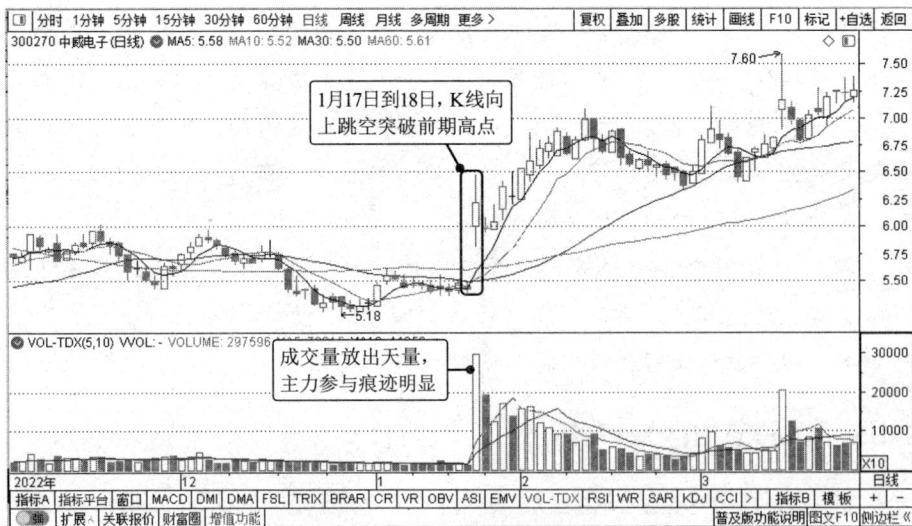

图1-18　中威电子2022年11月到2023年3月的K线图

来看中威电子的这段走势，股价在 2023 年 1 月之前长期处于横盘震荡的阶段，期间 K 线被限制在 5.50 元到 6.00 元内小幅波动，与中长期均线纠缠在一起，运行方向不明，投资者最好撤离观望。

12 月中旬，股价连续收阴向下跌破了 5.50 元的支撑线，一路下滑到 5.18 元处才止跌企稳，随后小幅回升。这时的中长期均线已经由黏合转为了向下发散，并对 K 线形成压制，导致股价回升时受阻，在 2023 年 1 月上旬于 30 日均线下方收阴小幅震荡。

1 月下旬，K 线在上涨接触到 30 日均线后突然收出一根明显向上跳空的长实体阳线，下面展示其分时走势。

图 1-19 为中威电子 2023 年 1 月 17 日到 18 日的分时图。

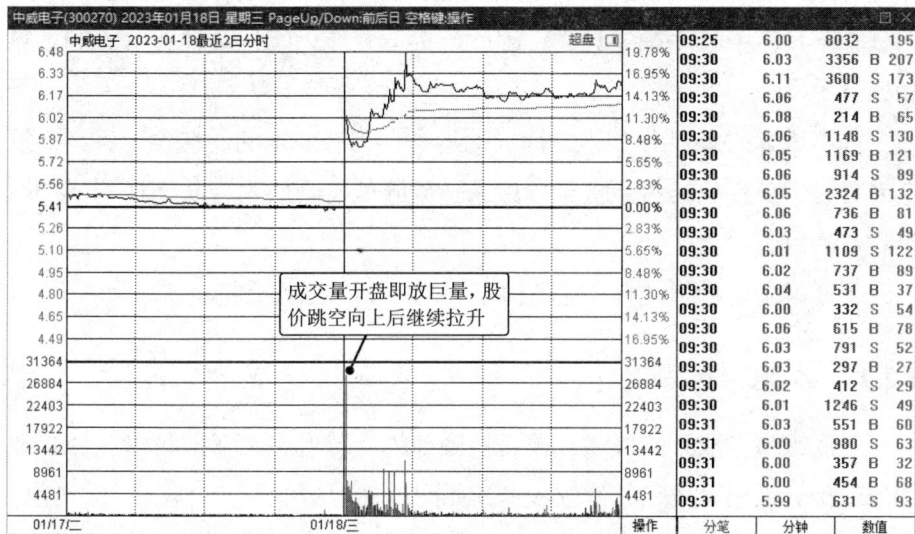

图 1-19　中威电子 2023 年 1 月 17 日到 18 日的分时图

1 月 17 日是股价仍旧受阻横盘的交易日，将其与跳空当日的分时走势对比，投资者可以非常清晰地观察到成交量的异动和市场的追涨积极性。

1 月 18 日刚开盘，成交量就释放出巨大量能，右侧的分笔交易数据也体现了主力的积极推涨。股价在小幅回落后积极攀升，冲到接近涨停的位置后小幅回落，收出长阳线。

在 K 线图中，这根阳线不仅与前一根小实体阴线形成巨大的跳空缺口，还成功突破了两条中长期均线及前期横盘区间压力线，即 6.00 元价位线。不仅如此，当日的成交量相较于前日显著增加，呈现出放量态势。根据理论可知，这可能是股价即将进入拉升的标志，投资者可迅速跟进建仓。

再看后续的走势，股价随后小幅回调两日就进入了持续的上涨之中。一个月不到就从 6.00 元价位线附近上涨到了 7.00 元价位线上，而且后续还有突破，短期涨幅虽然不算特别惊人，但能够为投资者带来稳定收益，也是十分划算的交易。

1.2　多 K 线构筑特殊看涨形态

前面介绍的都是一些单根 K 线看涨形态，虽然短期预示效果还算不错，但基本不具有中长期指导意义，因此，更适合作为定位具体买卖点的工具和分析手段。

本节讲解的多根 K 线组合而成的形态，具有一定的反转预示意义，投资者可以借其定位转折点甚至抄底来达到降低持仓成本，从而达到增加后市收益的目的。

下面就来看看具体有哪些值得学习的多 K 线看涨形态。

1.2.1　平　底　线

平底线是形成于阶段底部或行情底部的反转形态，它指两根筑底 K 线的最低价处于相同或相近价位线上，如图 1-20 所示。

技术图示　筑底平底线形态

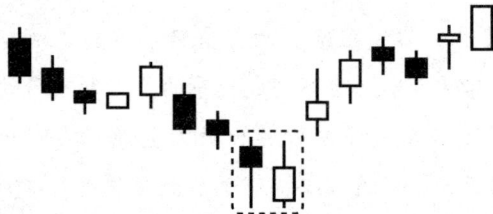

图 1-20　形态示意图

一般来说，平底线由两根 K 线构成，但如果连续三根甚至三根以上的

K 线都在同一位置或是相近价格上触底，就会更加明显地传递出下方支撑力强劲，主力试盘完毕后可能即将反转拉升的积极信号。

但这也不是绝对的，有时候股价可能只是在某一位置得到支撑后反复震荡，最终形成一波小幅反弹后回归到下跌行情之中。因此，投资者在建仓时要特别注意趋势是否发生反转，尤其是风险承受能力较低的投资者，最好在 K 线突破中长期均线之后再跟进。

接下来通过实例进行深入学习。

实例分析 法本信息（300925）平底线预示多次探底

图 1-21 为法本信息 2022 年 9 月到 12 月的 K 线图。

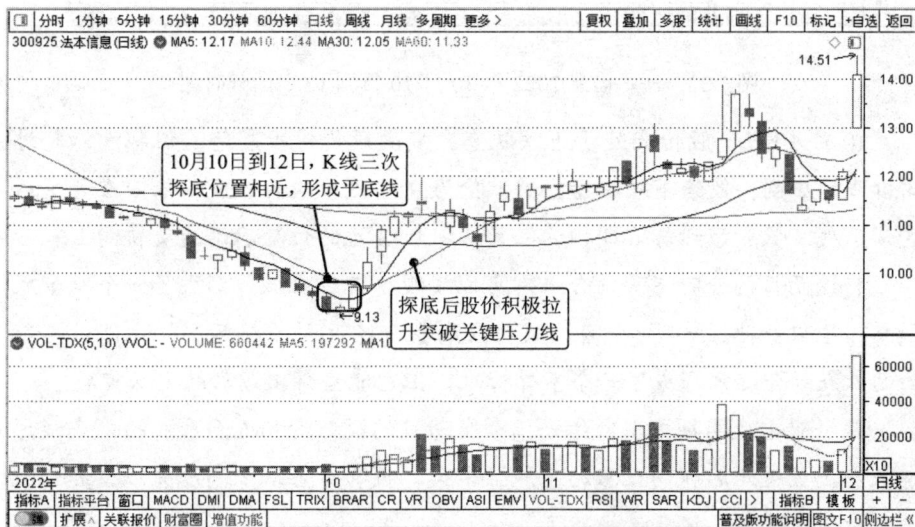

图 1-21　法本信息 2022 年 9 月到 12 月的 K 线图

从法本信息这段走势中的中长期均线表现来看，该股在前期经历的下跌幅度还是比较大的，在 2022 年 9 月基本形成了短期高度看跌的空头排列形态，成交量也没有放量，所以，在此期间投资者应以观望为主。

10 月初，股价下跌到 9.13 元价位线附近后就没有再继续下行，而是三次落到相近的位置触底，三根前阴后阳的 K 线构筑出了平底线反转形态。这时来观察这三日的分时走势，看是否有其他信息出现。

图 1-22 为法本信息 2022 年 10 月 10 日到 12 日的分时图。

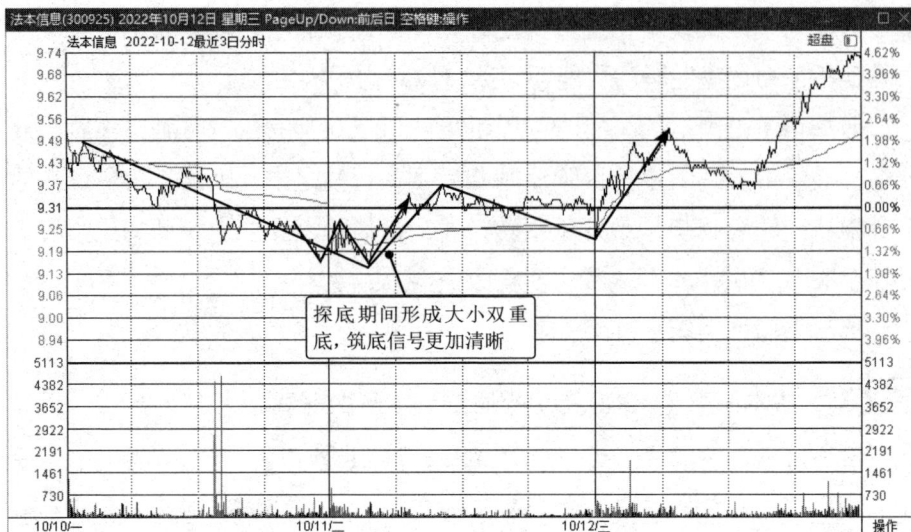

图1-22　法本信息2022年10月10日到12日的分时图

10月10日，股价尚处于下跌状态，期间股价多次震荡，但都没能越过均价线的压制，最终下跌收盘，最低价为9.15元。次日，股价依旧在开盘后震荡下跌，低点落到与前期相近位置，即9.13元的位置后迅速反转向上。

将这两日的分时走势结合来看可以发现，二者在低位形成了一个双重底形态。不仅如此，10月12日，股价在触及9.15元的价格后很快上涨，与前面的低点结合起来形成了一个不算标准，但也能看得出雏形的大双重底。

两个双重底同期出现，结合三个交易日的最低价相近而形成的平底线形态来看，该股此后转向上涨的可能性很大，投资者可给予高度关注，部分激进型投资者甚至已经开始抄底了。

回到K线图中继续观察可以发现，K线此后开始连续收阳上升，很快便突破了30日均线的压制。不过该股没能一次性越过60日均线，而是小幅回落，低点踩在30日均线上，是投资者的加仓机会。

数日之后，股价继续上涨并成功突破60日均线，开启下一波上涨。这时，一直处于谨慎观望的投资者就可以择机跟进，抓住后续涨幅。

1.2.2　前进三兵

前进三兵是由三根连续的阳线构成的，根据阳线实体长度的不同，可将其分为标准前进三兵、升势受阻和升势停顿三种形态，如图 1-23 所示。

技术图示 不同类型的前进三兵

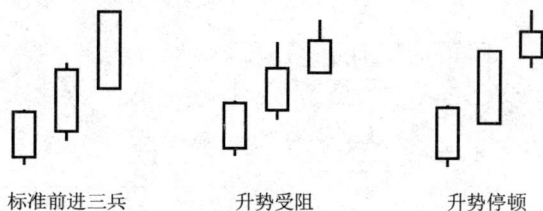

标准前进三兵　　　　　升势受阻　　　　　升势停顿

图 1-23　形态示意图

不同的前进三兵形态有不同的作用和含义，不过形成的位置基本相似，具体如下：

①标准前进三兵要求三根阳线的实体越来越长，涨幅越来越大，同时影线较短，后一根阳线的开盘价需要位于前一根阳线的实体内部，或是处于前一根阳线收盘价相近的位置。这是前进三兵三大形态中看涨信号最为强烈的一种，也是投资者最希望遇见的前进三兵形态。

②升势受阻前进三兵则意味着 K 线在收阳时实体有所缩减，上影线有所拉长，代表着上方有压力，股价涨势可能不会太积极。相较于标准前进三兵，升势受阻前进三兵的看涨信号稍弱，但投资者依旧可以买入。

③升势停顿前进三兵则是相对弱势的形态，最后一根阳线的实体会比较小，上影线也可能拉长，代表着股价即将进入整理。它其实并不能算作看多形态，毕竟投资者无法准确判断股价后续会不会进入下跌，因此，在遇到该形态时最好暂缓买入，观察数日后再进行决断。

接下来通过实例进行深入学习。

实例分析 国华网安（000004）底部反转后的前进三兵

图 1-24 为国华网安 2022 年 9 月到 11 月的 K 线图。

从图 1-24 中可以看到，国华网安的股价在 2022 年 9 月中旬之前长期处于 9.50 元价位线附近横向震荡，期间波动幅度较小。9 月中旬，股价在成交量的突兀放量推动下有过一次快速上升，但只是小幅突破中长期均线就回归下跌了。

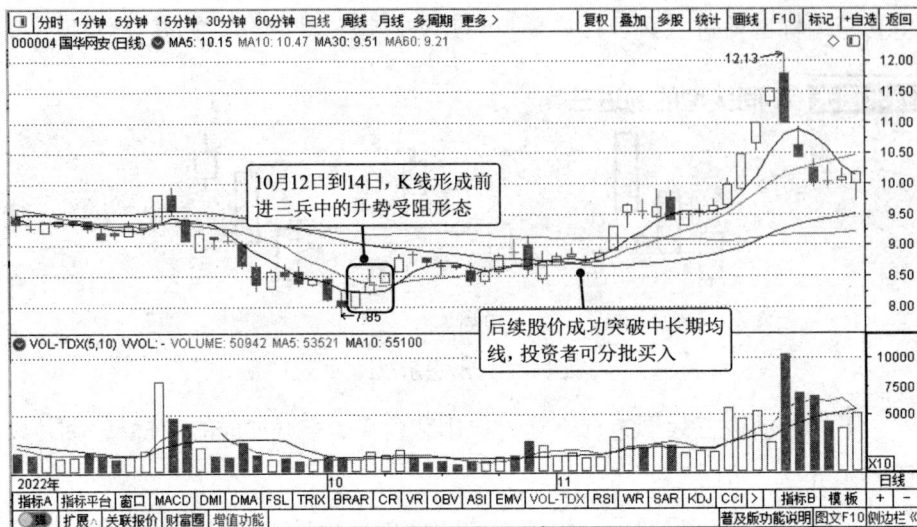

图 1-24　国华网安 2022 年 9 月到 11 月的 K 线图

结合量能明显的异动表现来看，这可能是主力想要进行一次拉升，但因为某些原因失败了，于是股价继续下跌。这时候投资者也不要着急买入，应以观望为主。

10 月初，股价跌到 8.00 元价位线以下后开始反转，前三根阳线积极向上突破了 5 日均线和 10 日均线，而且阳线之间实体交错，结合构成了前进三兵形态。至于是哪一种前进三兵，还要进一步分析。

图 1-25 为国华网安 2022 年 10 月 12 日到 14 日的分时图。

在上涨的前两个交易日，即 10 月 12 日和 13 日，股价上涨的速度比较统一，前一日的收盘价位于后一日的开盘价上方，保证了实体的重叠。

不过在 10 月 13 日临近尾盘时，股价开始滞涨并回落，最终以较低的价格收盘，说明上方存在一定的压力。这一点在 10 月 14 日的分时走势中也有明显体现，股价虽然在开盘后就上升到了均价线上方，但整日的走势偏向于横向震荡，尽管收出的是阳线，涨速却远不如前期。

很显然，这三根 K 线形成的是前进三兵形态中的升势受阻组合，它意味着股价可能即将受阻回调或是滞涨。回到 K 线图中观察当前位置，投资者会发现该股正在朝着 30 日均线进发，那么回调的压力很有可能就是来自这条关键均线。

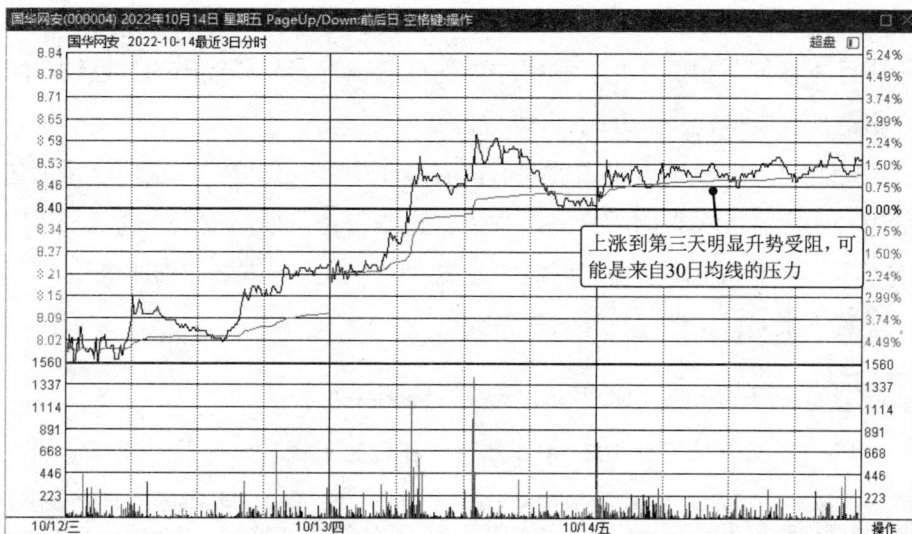

图 1-25　国华网安 2022 年 10 月 12 日到 14 日的分时图

事实也确实如此，股价在上涨接触到 30 日均线后就开始收阴回落，不过低点在 10 日均线上得到支撑，没有跌破前期，说明还是有上涨潜力的。

后续经过半个多月的震荡，该股终于成功突破了中长期均线的压制，进入快速上涨中，为投资者创造出极佳的建仓机会。

1.2.3　低位五连阳

低位五连阳是一种十分常见，也具有很强看涨意义的形态。它是指股价在反转上涨的初期连续收出的五根上升的阳线，如图 1-26 所示。

技术图示 反转之后的低位五连阳

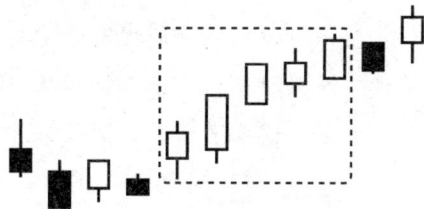

图 1-26　形态示意图

需要注意的是，尽管低位五连阳形态对这五根阳线的实体长度、影线长度等都没有要求，但阳线必须是整体保持上移的，横盘期间的连续五根小阳线不能算低位五连阳。这样才能保证低位五连阳释放出的是近期市场积极追涨，股价稳步上升的买入信号。

除此之外，投资者必须关注低位五连阳中的"低位"二字，这是形态能够预示上涨的关键原因之一。如果五连阳是在行情高位出现的，投资者就不得不将主力推高出货的可能性考虑进去，这一点需要特别注意。

接下来通过实例进行深入学习。

实例分析 开开实业（600272）低位五连阳买入信号

图 1-27 为开开实业 2023 年 6 月到 9 月的 K 线图。

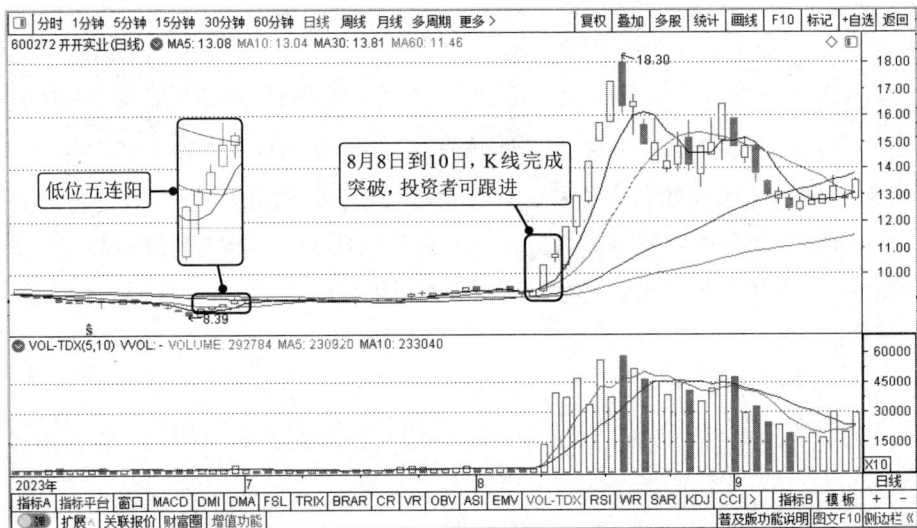

图 1-27　开开实业 2023 年 6 月到 9 月的 K 线图

在开开实业的这段走势中可以很清晰地观察到前期震荡和后期暴涨之间的巨大差异。如果投资者能够借助 K 线形态在低位及时建仓买入，那么后续盈利的空间就会得到极大扩张，但要准确抓住低位买点可不容易，下面来看详细解析。

2023 年 6 月，股价大部分时间都位于下跌之中，越到后期跌速越快。根据前面所积累的众多案例经验来看，这可能是主力压价吸筹的表现，但下方成交量又没有明显的放大，所以还不能断定股价一定会发生反转。

6 月下旬，股价触底后开始快速反转上升，连续五日都以阳线报收，且价格已经向上靠近 30 日均线，低位五连阳形态十分清晰，发出看涨信号。不过股价尚未彻底突破中长期均线，谨慎型投资者还需观望。

经过半个多月的横盘震荡后，该股终于在 7 月下旬实现了关键突破，K 线越过两条中长期均线后开始在其支撑下缓步上行，期间成交量小幅放量支撑，投资者可谨慎跟进。

进入 8 月后不久，股价回调踩在中长期均线上，随后拐头向上开始拉升，涨速还越来越快。在连续五日收阳后，又一个低位五连阳出现了，传递出积极信号。下面来看前三个交易日的分时走势情况。

图 1-28 为开开实业 2023 年 8 月 8 日到 10 日的分时图。

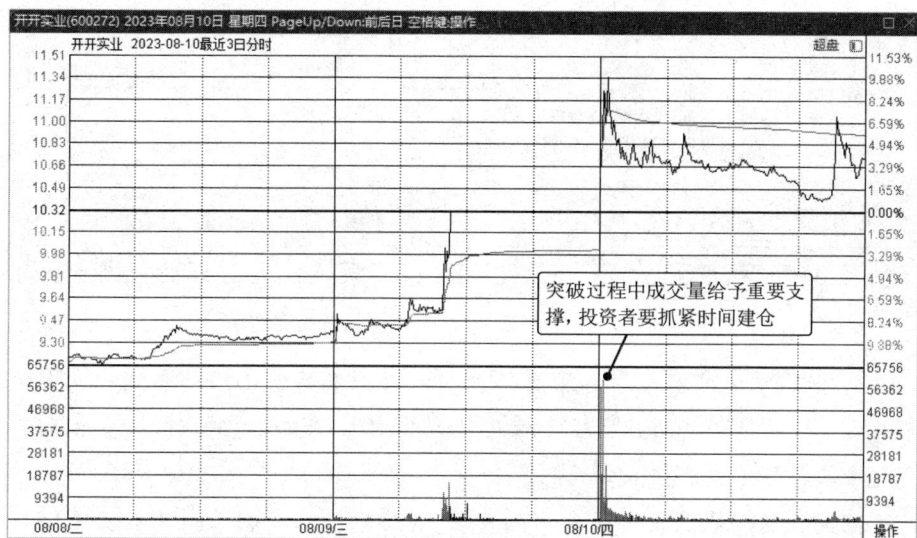

图 1-28　开开实业 2023 年 8 月 8 日到 10 日的分时图

股价是从 8 月 9 日开始暴涨的，前期走势比较平缓，在震荡中缓慢上移。但随着成交量的集中放量，股价线明显在临近 8 月 9 日午间收盘时直线上冲，几分钟内就来到了涨停板上封住，直至收盘。

8 月 10 日开盘后成交量放出巨量，股价冲高回落，但最终还是以高价收盘，说明就算卖方在大批卖出兑利，买方也有余力继续进行推涨。后面连续数日的暴涨也证实了这一点，再加上成交量的放量支撑，该股后市上涨空间可能较大，投资者可迅速跟进建仓或加仓。

　　开开实业的这段走势看似顺利，投资者得以在第一个低位五连阳的预示下及时建仓，又在第二个低位五连阳的位置加仓以扩大收益。但实际上，在6月底的低位五连阳出现之前，该股就已经有过一次上冲准备了，只是最终没能成功。下面来看前期走势。

　　图1-29为开开实业2023年3月到8月的K线图。

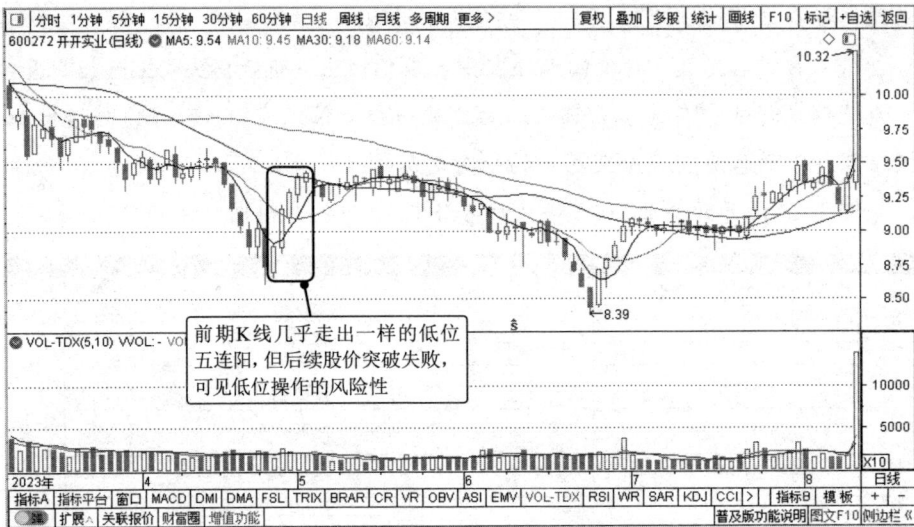

图1-29　开开实业2023年3月到8月的K线图

　　从图1-29中可以看到，该股在2023年4月其实就已经形成过一次快速下跌后反转的走势，而且反转之后K线也收出了五根连续的阳线，整体形态看起来与6月底非常相似。

　　然而，这一次股价却没能成功突破60日均线的压制，而是在反复挣扎后回归下跌，可见价格走势并不会严格按照投资者预想的方向运行，信号失真是常有的情况。所以投资者在买入之前最好先确认上涨是否成形，这样就能够避开很多被套在半山腰的风险。

1.2.4　仙人指路

　　仙人指路是一种比较特殊的前预示后确定的看涨形态，具体是指股价在上涨至压力位后收出一根带长上影线的小K线后回调下跌，这根小K线的最高价就是形态指出的"路"，意味着后续股价有上涨乃至突破该价位

的潜力。等到回调结束股价继续上涨并突破该压力线，仙人指路就算构筑
完成，如图 1-30 所示。

技术图示 上涨过程中的仙人指路

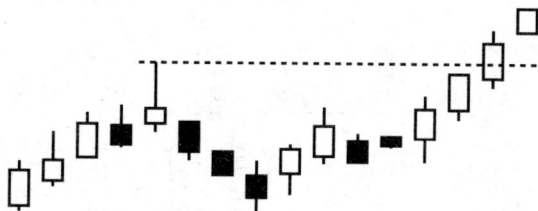

图 1-30　形态示意图

仙人指路形态的重点并不在于股价后续对压力位的突破，而在于"指
路"的过程。也就是说，仙人指路只是给出了股价未来可能上涨到的预期
位置，至于价格到底能否突破，后市又能否有更好的表现，就要看市场的
支撑力是否充足了。

因此，仙人指路中相对比较稳妥的买点是 K 线突破前期高点的位置，
激进一些的买点则在股价回调结束开始上涨的位置，投资者可根据自己的
风险承受能力和操作习惯选择。

接下来通过实例进行深入学习。

实例分析 中交地产（000736）仙人指路上涨预示

图 1-31 为中交地产 2022 年 9 月到 12 月的 K 线图。

2022 年 10 月底，中交地产的股价已经下跌到了 10.00 元价位线上方，
在 10.16 元的位置触底后，该股开始反转向上，连续收阳朝着中长期均线靠
近，直至在 11 月上旬将其突破。

在第一波上涨的过程中，K 线已经形成了低位五连阳形态，传递出反转
看涨信号。而 K 线突破中长期均线后收出的一根带较长上影线的小实体阳线
也有形成仙人指路形态的迹象，投资者可关注后续该股对 14.00 元关键压力
线的突破走势。

11 月下旬，股价在下跌靠近 30 日均线后得到支撑，震荡数日就开启了
上涨。这一次该股是以连续跳空向上的方式形成突破的，不仅本身具有极强

的买入号召力，仙人指路形态的成形和盘中的分时走势也进一步确定了后市的上涨潜力。

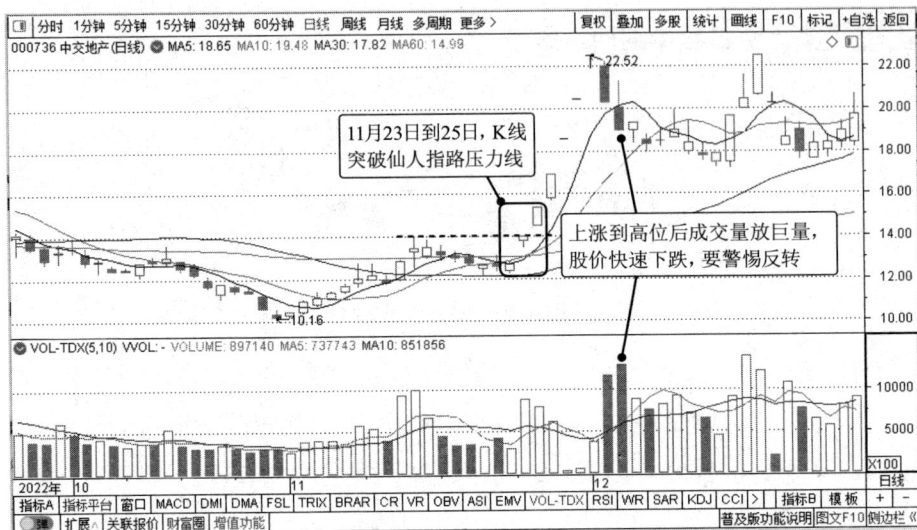

图 1-31　中交地产 2022 年 9 月到 12 月的 K 线图

下面来看这几个关键交易日的分时走势。

图 1-32 为中交地产 2022 年 11 月 23 日到 25 日的分时图。

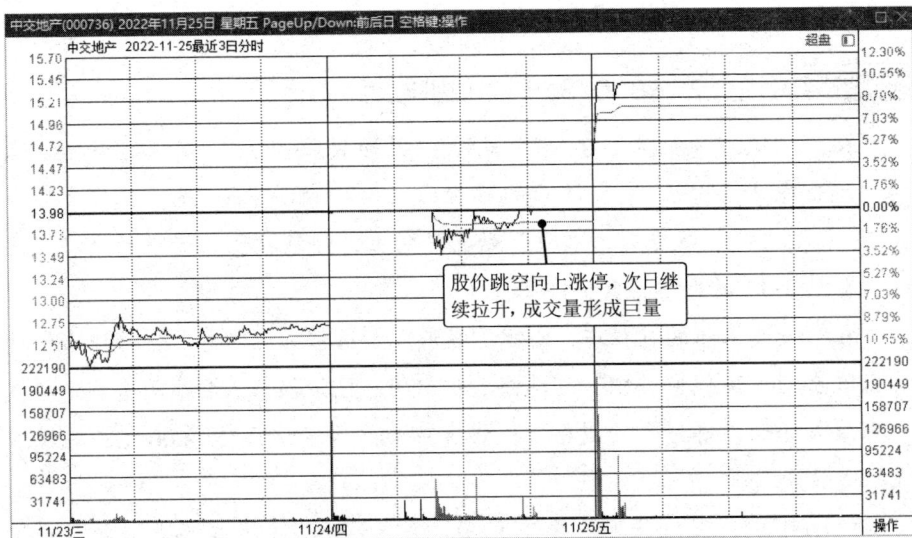

图 1-32　中交地产 2022 年 11 月 23 日到 25 日的分时图

11 月 24 日是股价开始跳空的第一个交易日，从其分时走势中不难看出，该股当日是以接近涨停的高价开盘的，开盘后第一分钟被巨量推动直线涨停并封板。临近早间收盘时涨停板才被大量能冲破，股价小幅回落交易了一段时间，最终还是回归涨停收盘。

11 月 25 日的走势也非常积极，成交量依旧处于极度活跃状态，股价在开盘后不久就被推上涨停板。而且这时股价已经成功突破了前期仙人指路形态的压力线，多方信息结合来看，投资者可以跟进。

不过，这样连续的暴涨带来的也是快速下跌的隐患，毕竟盘中积累的大量获利筹码需要兑现，主力在注入大量资金推涨后也需要进行修整，甚至是卖出离场。

因此，当投资者发现股价在开板后迅速转折下跌，短时间内收阴幅度较大时，就要及时借高卖出，先将前期收益兑现再说。

1.2.5　早晨之星

早晨之星是十分经典且有效的底部反转 K 线形态之一，它由三根 K 线构成，前后两根 K 线实体都比较长，并且前阴后阳，第三根阳线的实体深入第一根阴线内部。中间的 K 线就是早晨之星中的"星"，其实体较小，阴阳不论，且实体需要与阴线形成跳空，如图 1-33 所示。

技术图示　**价格底部的早晨之星**

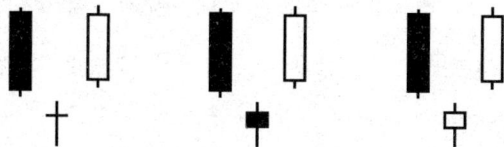

图 1-33　形态示意图

早晨之星形态的三根 K 线分别代表了股价的下跌、停滞和反转，左右两根 K 线的实体越长，与小 K 线之间的跳空缺口越大，同时中间小 K 线的实体越小（没有实体，呈十字星线最好），该形态就越标准。

投资者在阶段底部、行情底部、反弹前夕都有可能发现早晨之星的身影。但需要注意的是，最好不要在早晨之星成形后立即建仓，毕竟早晨之星只由三根 K 线构成，有些时候也会形成如低位五连阳一样的误导和欺骗信号。

比较稳妥的方法是在早晨之星形成后轻仓买入，待到后续股价明显转入上涨后再继续加仓也不迟。

接下来通过实例进行深入学习。

实例分析 泰德股份（831278）阶段底部早晨之星看涨

图 1-34 为泰德股份 2023 年 11 月到 2024 年 1 月的 K 线图。

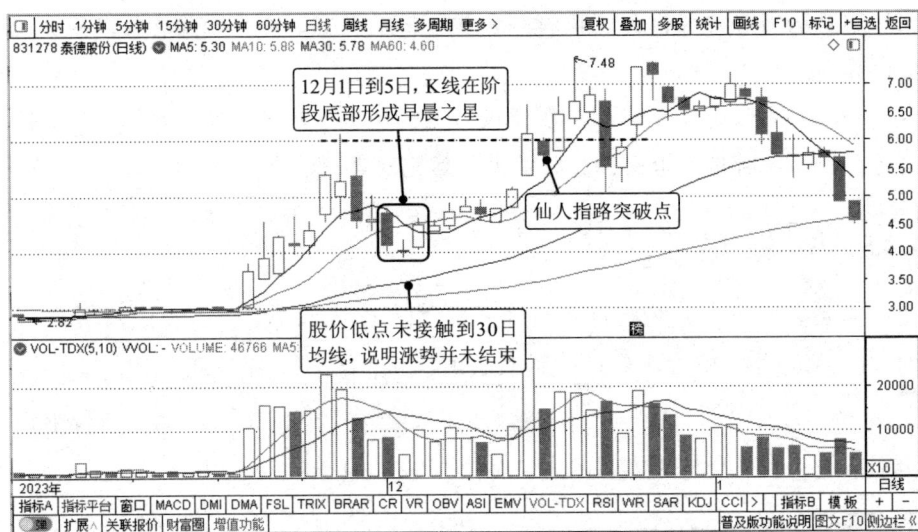

图 1-34　泰德股份 2023 年 11 月到 2024 年 1 月的 K 线图

在泰德股份的这段走势中，上升趋势是非常明显的，该股从 2023 年 11 月下旬开始突兀暴涨以后，就进入了持续性的拉升之中。不过第一波上涨在 6.00 元价位线附近被阻，股价收出一根带长上影线的小实体阳线后反转回调。

这根小阳线就可以视作一个仙人指路形态，那么该股后市是否能够有更好的表现，就要看股价是否能对 6.00 元价位线形成突破。

除此之外，股价在回调期间是否有一些值得参考的 K 线形态形成呢？答案是有。

在跌破 10 日均线之后，股价就落到 4.00 元价位线上止跌企稳，随后收阳上升。转折期间，K 线先阴后阳，中间止跌的小 K 线实体与阴线形成跳空，后一根上涨阳线又深入阴线实体内部，因此，结合形成了一个十分特殊的底部反转形态——早晨之星。

而在早晨之星内部的分时走势中，也有特殊转折出现。

图 1-35 为泰德股份 2023 年 12 月 1 日到 5 日的分时图。

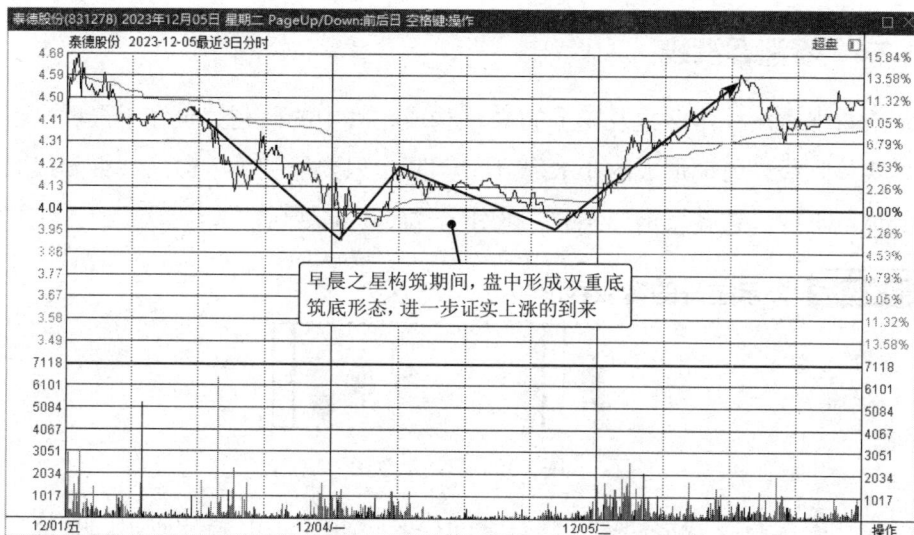

图 1-35　泰德股份 2023 年 12 月 1 日到 5 日的分时图

12 月 1 日到 5 日是构筑出早晨之星形态的三个交易日，从其联合分时走势可以发现，股价线在这三日内形成了一个双重底筑底形态，两个低点十分接近。而且后续股价也上涨突破了中间的波峰高点，形态是成立的，传递出了反转看涨信号。

那么结合 K 线图中回调底部形成的早晨之星和仙人指路形态来看，该股后续完成突破的概率还是比较大的，激进型投资者可以在此低位建仓或加仓，谨慎型投资者也不着急卖出。

回到 K 线图中观察。股价在此之后保持收阳上升，在接触到 5.00 元价位线后稍有滞涨，但很快向上突破，数日之后就成功越过仙人指路形态预示出的压力线，释放出上涨延续的信号。而且此时的中长期均线也保持着上扬，市场积极追涨，谨慎型投资者也可以加仓了。

虽然后续股价并没能维持太长时间的上涨，但从前期 3.00 元的低位上涨至 7.00 元价位线上方，价格已经实现了翻倍。就算投资者是从回调低位

4.00元价位线处入场的，收益也不错。

当然，对于在仙人指路突破点处才买入的投资者来说，这段涨幅就不算很高了。这就要求投资者把握好风险与收益的平衡，看自己是否能够承受提前买入带来的判断失误被套风险。

1.2.6　看涨吞没线

看涨吞没线由两根及以上的K线构成，其中的研判关键在于最后一根长实体阳线，前期形成的小K线不分阴阳，只要能被纳入最后一根阳线的实体范围内，它就属于形态的一部分，如图1-36所示。

技术图示 预示拉升的看涨吞没线

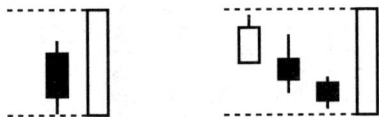

图1-36　形态示意图

在看涨吞没线形态中，被吞没的小K线越多，形态释放出的看涨信号就越可靠。不过需要注意的是，必须是大阳线的实体向前吞没小K线，上下影线是不参与吞没形态的。同时，阳线的实体也需要完全吞没整根小K线，包括其影线，这样的形态才算标准。

当看涨吞没线形成后，股价大概率会继续向上突破，或者经过短暂整理后继续拉升。短线投资者可以在看涨吞没线形成后及时建仓买入，待到股价回调整理时加仓。

接下来通过实例进行深入学习。

实例分析 诚邦股份（603316）看涨吞没线及时跟进

图1-37为诚邦股份2021年12月到2022年3月的K线图。

2021年12月到2022年1月，诚邦股份的股价虽然一直保持在中长期均线上方运行，但上涨幅度偏小，K线实体长度也不大，再加上成交量几乎走平，说明市场积极性尚未完全被激发，投资者需等待时机。

1月底，股价回调踩在60日均线上得到支撑后继续上升，看似在延续

前期的震荡走势，然而在 2 月 14 日，K 线突然收出的一根长实体阳线一举
突破了前期高点，且实体向前吞没了三根小 K 线，形成了看涨吞没线形态。

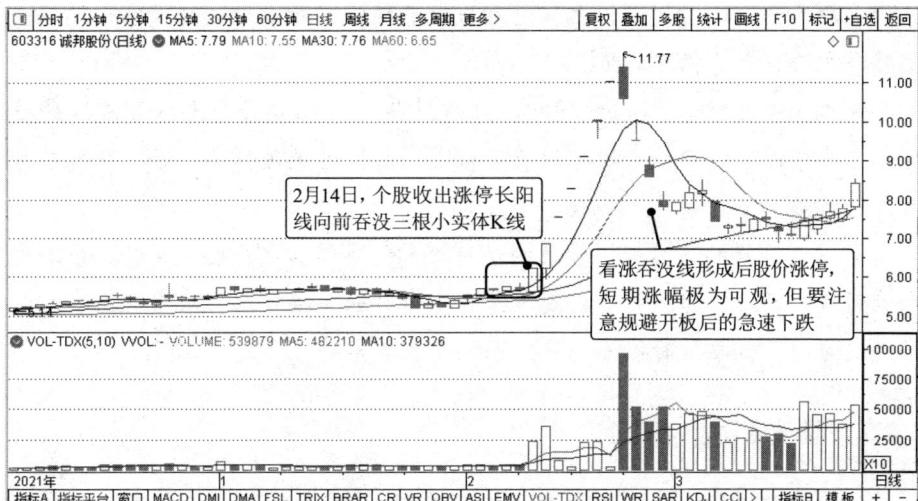

图 1-37　诚邦股份 2021 年 12 月到 2022 年 3 月的 K 线图

除此之外，当日的成交量也有明显放量，说明其中大概率有主力在参与，
下面来看一下分时走势中有哪些异动情况。

图 1-38 为诚邦股份 2022 年 2 月 9 日到 14 日的分时图。

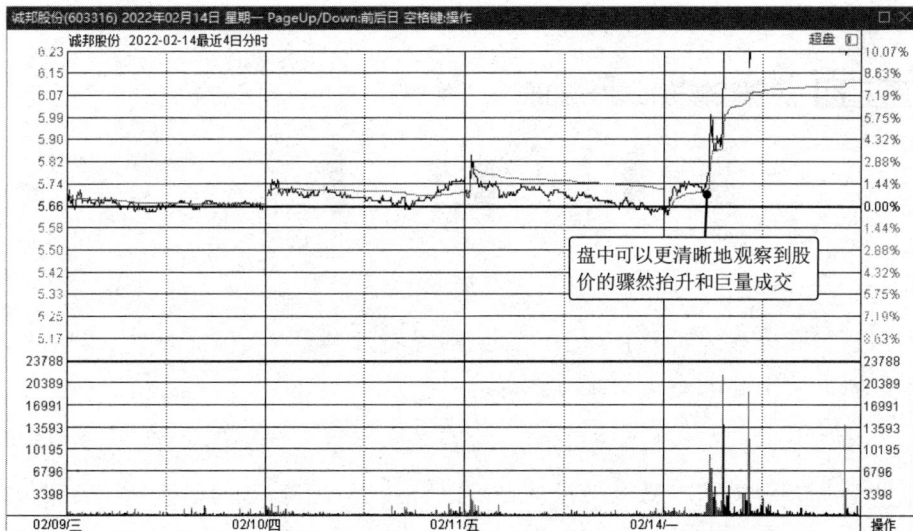

图 1-38　诚邦股份 2022 年 2 月 9 日到 14 日的分时图

从前面三根小K线与看涨吞没线当日的分时走势对比可以看出，股价是经过了两次小幅上冲试探后才开始的急速拉升。2月14日的成交量也大多集中在股价暴涨的时间点，尤其是在接近涨停时，盘中形成过数根大量柱，明显是主力在大力推涨封板。

那么当投资者回到K线图中，发现这根涨停阳线符合看涨吞没线的技术形态要求时，就可以在次日股价开板交易的同时迅速挂单跟进，抓住后续的暴涨收益。

当然，这样的连续涨停带来的既有短期的丰厚收益，也有反转后暴跌被套的风险。因此，当投资者发现股价开板后开始大幅收阴，后市也有继续下跌的迹象时，就要及时撤离，将前期收益落袋为安。

1.2.7 曙光初现

曙光初现也是一种常出现在底部反转位置的看多形态，它由两根长实体K线构成，前阴后阳。其中，阳线的开盘价需要低于阴线的收盘价，实体要深入阴线实体内部一半以上，但收盘价要低于阴线的开盘价，二者的实体呈现出错落咬合的状态。

也就是说，形态中的阳线位于阴线下方，寓意红日虽未突破云层，但已经有曙光初现，如图1-39所示。

技术图示 底部反转形成曙光初现

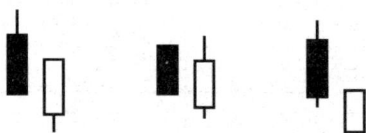

图1-39 形态示意图

尽管曙光初现对于K线的上下影线没有过多要求，但K线实体越长，影线越短，传递出的信号就越强烈和可靠。

投资者在遇到这样的形态时，应对策略与早晨之星是一样的，即形态成立后先观察形势，激进型投资者可以轻仓买入，待到股价确定上涨趋势后，该建仓的建仓，想加仓的就伺机加仓。

接下来通过实例进行深入学习。

实例分析 襄阳轴承（000678）曙光初现看涨信号

图 1-40 为襄阳轴承 2023 年 4 月到 7 月的 K 线图。

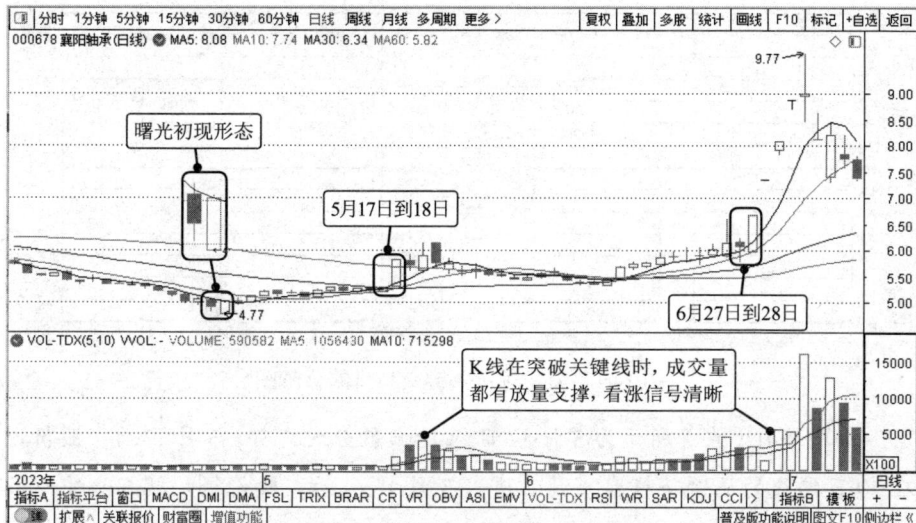

图 1-40　襄阳轴承 2023 年 4 月到 7 月的 K 线图

2023 年 4 月，襄阳轴承的股价尚处于下跌之中，均线组合呈空头排列压制在 K 线上方，市场颓势明显，投资者不可轻举妄动。

4 月底，股价在收出一根常规下跌阴线的次日跳空低开，盘中突然大幅反转向上，当日以阳线报收，实体不仅深入阴线实体一半以上，收盘价最终也低于阴线的开盘价，符合曙光初现形态的要求。

但即便股价形成了曙光初现反转看涨形态，投资者也不能确定后市是否会转入上涨之中，因此还需观望。

进入 5 月后，股价在缓慢上涨中逐渐靠近 30 日均线，接触到 30 日均线后受阻横盘数日，最终在 5 月 18 日大幅拉升成功突破。同时当日成交量明显放大，下面来看盘中情况如何。

图 1-41 为襄阳轴承 2023 年 5 月 17 日到 18 日，以及 6 月 27 日到 28 日的分时图。

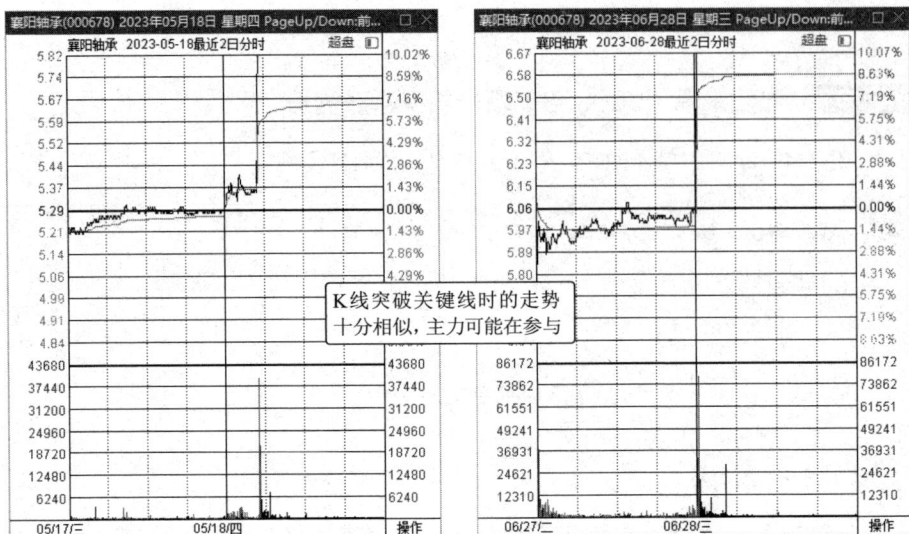

图 1-41　襄阳轴承关键交易日的分时图

如图 4-41（左）所示为 5 月 17 日到 18 日的分时走势，5 月 17 日，股价还在 30 日均线的压制下横盘震荡。进入 5 月 18 日后，股价很快就在集中释放的量能推动下直线拉升，一分钟内冲上涨停板上封住，最终收出涨停光头大阳线，一举突破两条中长期均线。

如此急切的上涨再加上形成于这样的关键位置，投资者不得不考虑是主力参与注资的可能。那么，结合前期的曙光初现反转形态来看，后市应当高度看好，投资者是可以尝试建仓的。

不过股价在此之后受到了新的压力线阻碍，即 6.00 元价位线。回调近一个月后，该股才在 30 日均线上得到支撑继续上升，并于 6 月底再度突破。突破过程中，分时股价线走出了与前期极为相似的走势。

如图 4-41（右）所示为 6 月底股价突破 6.00 元压力线的分时走势，可以看到，这与 5 月 17 日和 18 日的表现极为相似，区别只在于股价在突兀上涨的当日涨速更快，留给投资者分析和挂单的时间更少。

因此，投资者同样可以判断出该股在后续的积极上涨，前期已经买入的投资者可以继续持股，经验丰富的投资者可尝试加仓。一直在观望的也可以挂单买入，否则就只能等待后续股价开板后才有较大机会跟进了。

1.2.8　多　方　炮

多方炮由三根 K 线构成，第一根和最后一根 K 线都是阳线，只有中间的 K 线是阴线，因此，多方炮有时也被称为两阳夹一阴。其中，中间阴线实体的上下两端至少要与其中一根阳线的实体一端齐平，或处于相近的位置，如图 1-42 所示。

技术图示　**多方炮短暂整理**

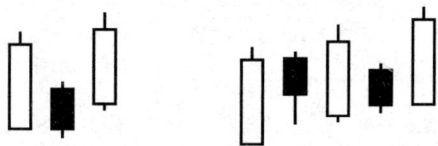

图 1-42　形态示意图

在很多时候，多方炮是会连续形成的，就像如图 1-42（右）所示的多阳夹多阴形态。这种形态释放的依旧是看多信号，但留给投资者的低位吸筹机会会更多，投资者可以趁着 K 线收阴时多次买入，但前提是需要确定上涨趋势已经形成。

接下来通过实例进行深入学习。

实例分析　**宜通世纪（300310）下跌底部的多方炮**

图 1-43 为宜通世纪 2023 年 12 月到 2024 年 4 月的 K 线图。

在宜通世纪的这段走势中，涨跌趋势的转变速度还是比较快的，投资者从下跌过程中成交量的放量压价表现就可以看出主力的吸筹意图。这不仅体现在成交量的异动中，也体现在股价加速下跌的走势中，分析出这一点的投资者就可以对该股保持高度关注。

2 月 6 日，股价在下跌到 3.00 元价位线下方后继续下探，落到 2.64 元的位置触底回升，当日收出一根阳线，暂时遏止了前期的快速下跌。而在后续的几个交易日中，股价不仅没有继续下跌，反而低位震荡形成了两阳夹一阴的多方炮形态。

放在股价加速下跌，疑似主力压价吸筹的后期，这样的多方炮就很有可能是反转的标志，投资者需特别注意。

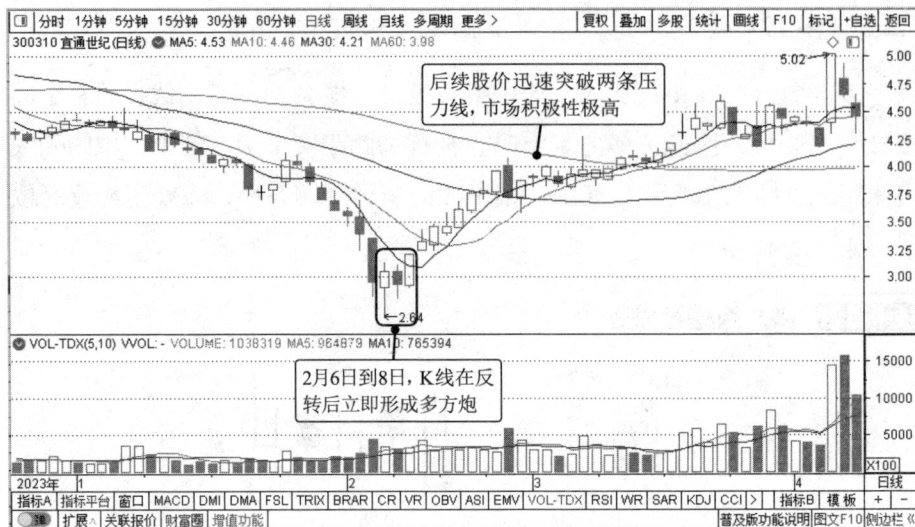

图 1-43　宜通世纪 2023 年 12 月到 2024 年 4 月的 K 线图

下面通过这几日的分时走势深入观察。

图 1-44 为宜通世纪 2024 年 2 月 6 日到 8 日的分时图。

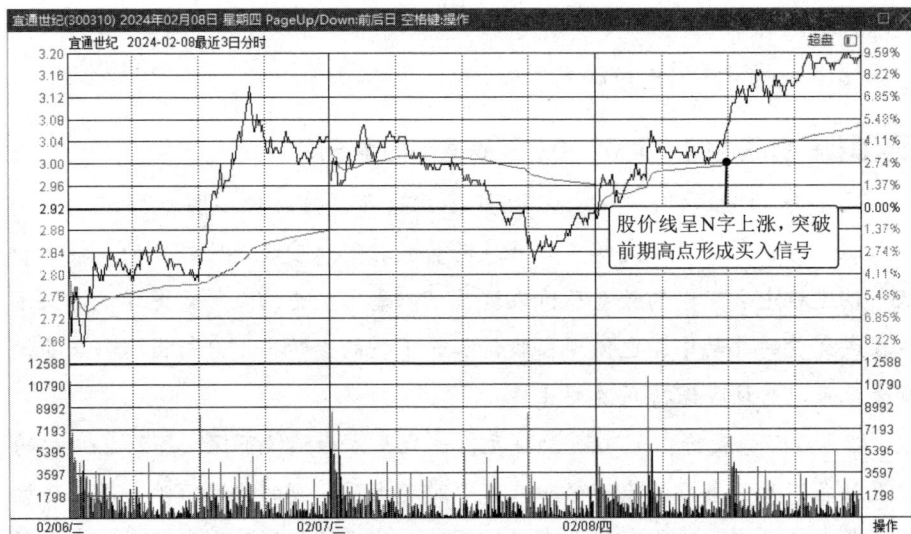

图 1-44　宜通世纪 2024 年 2 月 6 日到 8 日的分时图

在 2 月 6 日，股价开盘快速下探后立即反转向上，第一波上涨冲破了均价线的压制，经过一段时间的回调后回落到其附近，形成第二波拉升。第二波上涨的速度与前期相差不大，但持续性和稳定性明显更强，价格一路拉涨至 3.00 元价位线以上才回落，最终收出阳线。

次日，股价是有小幅下跌的，但临近收盘时触底回升，说明多方仍在发力。2 月 8 日，股价延续着前期的走势震荡上行，整日向好，与前期的股价线联合形成了一个 N 字上涨形态，传递出股价经过整理后依旧积极拉升的信号。

结合外部 K 线构筑出的多方炮形态来看，股价可能会就此反转进入强势反弹甚至上涨行情之中，激进型投资者可以尝试在此建仓，但不能过重，避免判断失误被套半山腰。

回到 K 线图中观察后续的走势，股价在此之后积极收阳向上，很快形成了低位五连阳形态。不仅如此，在五连阳之后 K 线依旧保持着上升，最终于 2024 年 2 月底将 30 日均线突破，并且后续回踩也得到了支撑，这无疑为投资者提供了绝佳的建仓和加仓机会。

之后半个月左右的时间内，股价在 60 日均线下方反复横向震荡，于 3 月中旬成功突破，形成又一个积极的买点。这时谨慎型投资者也可以大胆跟进，抓住后续涨幅了。

1.2.9　上档盘旋

上档盘旋是一种整理后向上突破的看多形态，其中的第一根阳线将股价带到压力线附近，随后形成的小 K 线会围绕这一压力线横盘震荡，最后 K 线大幅收阳向上突破该压力线，形态成立，如图 1-45 所示。

技术图示 突破关键压力线的上档盘旋

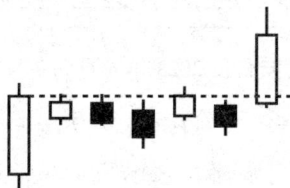

图 1-45　形态示意图

上档盘旋的关键研判点在于前后两根长实体阳线上，中间的小 K 线群主要负责整理。这两根阳线，尤其是最后一根阳线的实体越长，中间小 K 线的震荡幅度越小，上档盘旋形态就越标准，其释放出的买入信号也越强烈和可靠。

如果股价原本就处于上涨行情之中，小K线震荡的幅度极小，并且明确被限制在某一压力线下方，那么后市变盘向上的概率是很大的，激进型短线投资者可以在横盘期间试探着建仓。在K线收阳突破压力线的同时，谨慎型短线投资者也可以买入，同时这也是激进型投资者的加仓机会。

接下来通过实例进行深入学习。

实例分析 万安科技（002590）上档盘旋预示拉升在即

图1-46为万安科技2023年4月到7月的K线图。

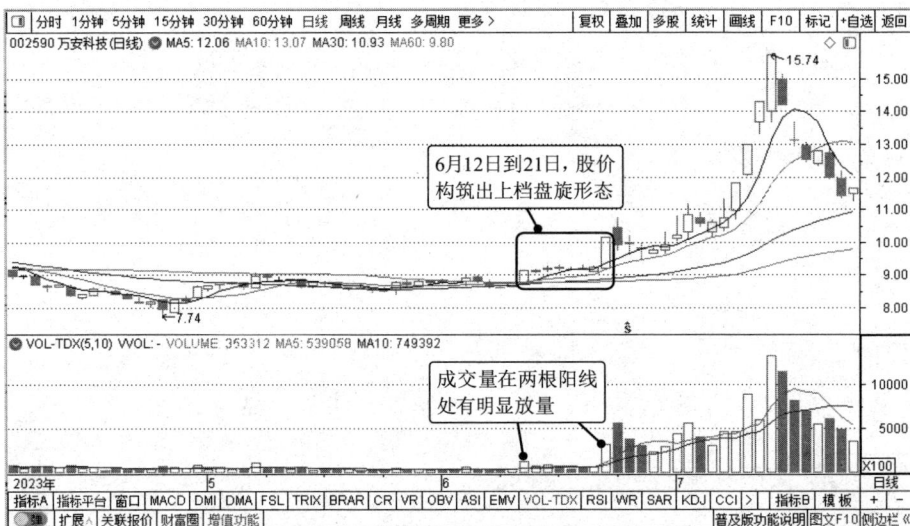

图1-46 万安科技2023年4月到7月的K线图

万安科技在前期很长一段时间内，K线几乎一直被压制在中长期均线之下。虽然股价在2023年4月底时已经触底反转，还在上涨初期形成过低位五连阳看涨形态，但后续受制横盘的时间太长，很多在上涨初始买入的投资者都无奈撤离观望了。

这样的走势在6月中旬有了明显转变，K线先是突然收出一根实体稍长的阳线，成功站在了中长期均线之上。后续K线长期走平震荡，最终又以一根长阳线大幅突破压力线，形成上档盘旋形态。

　　这个上档盘旋可以说是非常标准的，中间的小 K 线几乎保持水平，波动幅度也极小。除此之外，观察下方的成交量可以发现，在前后两个关键收阳的位置，成交量都相较于前日有明显的放量，说明该股市场中大概率存在主力挂出的推涨单。其参与痕迹在分时图中展示得更加完全，图 1-47 为万安科技 2023 年 6 月 12 日到 21 日的分时图。

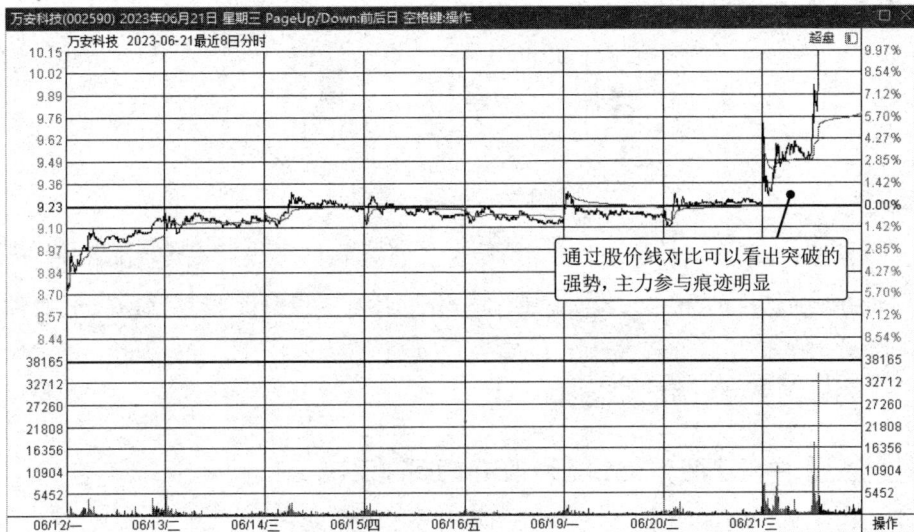

　　通过股价线对比可以看出突破的强势，主力参与痕迹明显

图 1-47　万安科技 2023 年 6 月 12 日到 21 日的分时图

　　从图 1-47 中可以看到，股价在第一根阳线处，也就是 6 月 12 日的上涨走势还不算惊人，期间多次回调震荡，主要目的是突破中长期均线的限制。在中间的小 K 线中，股价线几乎每日都有冲高回落的走势，而且大多集中在早盘期间，明显是主力在向上试盘。

　　当 6 月 21 日成交量突然放出巨量，推动股价大幅震荡并最终直线上涨至涨停板上时，投资者就要及时反应过来，这是主力通知市场开始追涨的表现，进而跟随挂单。

　　从 K 线图中后续的走势也可以看到，该股此后小幅回调数日，踩在 10 日均线上继续拉升，涨速越来越快，最终冲到了最高 15.74 元。相较于上档盘旋初期的 9.00 元左右，此时该股的涨幅高约为 74.89%，对于投资者来说这无疑是一次丰厚的回报。

1.2.10 阳 包 阴

阳包阴形态与前面介绍过的看涨吞没线比较相似，也是由后面一根阳线包裹住前面的阴线构筑而成。但二者最大的区别在于，阳包阴不要求阳线以实体包裹阴线的全部，而是上下影线能完全覆盖阴线就可以了，如图 1-48 所示。

技术图示 不同类型的阳包阴

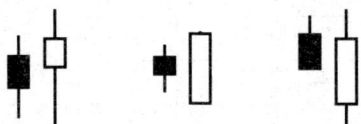

图 1-48　形态示意图

显然，这是一种预示意义与形成位置都与看涨吞没线高度相似的形态，只是看涨信号没有看涨吞没线强，因此，出现得也会比较频繁，投资者要学会分辨其信号的真实程度，不要盲目建仓。

接下来通过实例进行深入学习。

实例分析 中科江南（301153）阳包阴底部反转

图 1-49 为中科江南 2023 年 9 月到 12 月的 K 线图。

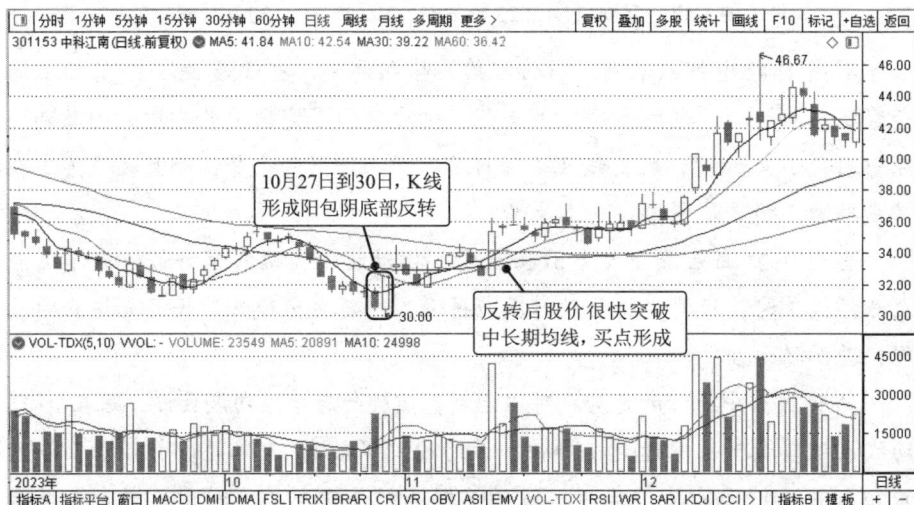

图 1-49　中科江南 2023 年 9 月到 12 月的 K 线图

观察中科江南的这段走势不难发现，股价在其中的震荡比较频繁，K 线多次收出长阳线又下跌整理，因此，投资者很难把握好具体的买卖点，这时就要借助一些特殊的 K 线形态来分析了。

首先是股价经历一次快速反弹但突破中长期均线失败后的下跌低位。2023 年 10 月底，股价落到 32.00 元价位线附近后原本在低位横盘，但 10 月 27 日的阴线明显跌破了该价位线，看似有继续下行的趋势，然而在次日，也就是 10 月 30 日，K 线反转收阳，高点远远越过了前日。

下面来看这两日的分时走势。

图 1-50 为中科江南 2023 年 10 月 27 日到 30 日的分时图。

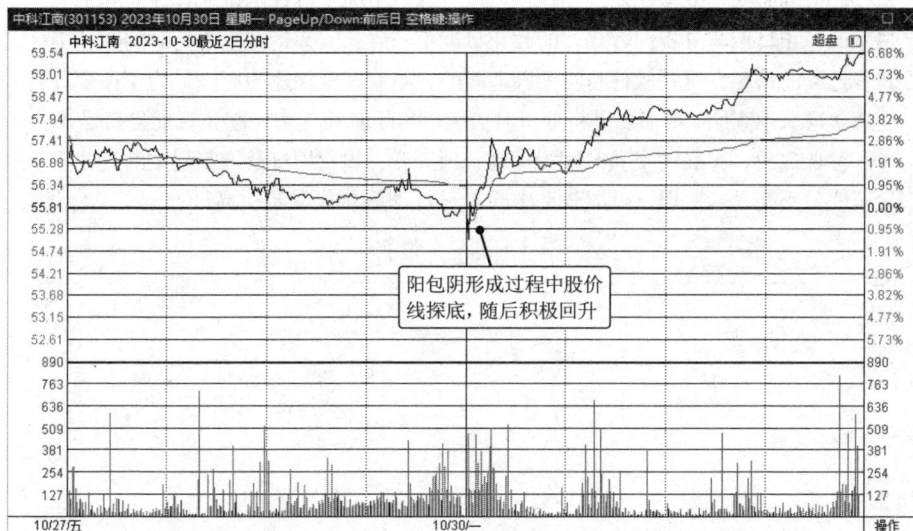

图 1-50 中科江南 2023 年 10 月 27 日到 30 日的分时图

从图 1-50 中可以看到，中科江南的股价在 10 月 30 日开盘后的涨速非常快，开盘价虽低于前日收盘价，但后续也很快对前期高点和均价线形成突破。也正是由于开盘价和最低价的下移，这根 K 线完全向前覆盖住了 10 月 27 日的阴线，形成阳包阴形态。

结合下方成交量的积极放量和阳线较长的实体来看，该股就此转折进入又一次反弹或是上涨的可能性还是有的。愿意参与抢反弹的投资者可以买入，在等待明确反转上涨信号的投资者还是继续观望。

回到 K 线图中继续观察。在此之后股价就受到了来自中长期均线的压制，进而多次震荡，但低点明显在渐次上移，可见上涨动力充足。

11 月中旬，K 线成功凭借一根长实体阳线向上突破了 60 日均线，并且当日成交量巨幅放量，体现出主力拉涨的决心和市场看涨的热烈程度。这时一直在观望的投资者也可以跟进。

拓展知识 关于案例中炒股软件窗口时间轴显示问题的说明

本书会涉及大量的案例解析，关于案例截图中软件 K 线图下方时间轴显示的问题，这里做一个大致说明。

一般情况下，炒股软件窗口大小发生调整或对 K 线图进行缩放时，都会造成软件底部的时间轴发生相应的变化，所以，本书中的案例截图可能存在时间轴上显示的起止日期与分析内容描述的起止日期不一致，或案例截图中的时间间隔不是很连续的情况。这是软件自身原因造成的，本着客观陈述的原则，为了让读者能够更准确地查阅，本书在进行分析时仍然以实际 K 线走势的起止日期进行描述。

除此之外，A 股的交易时间为每周一到周五、周六周日及国家规定的其他法定节假日不交易，所以，炒股软件中的 K 线图时间轴仅显示交易日。

第 2 章

中长期K线组合买入形态

中长期K线组合的构筑时间一般较长，有的甚至长达数月之久，因此，中长期走势具有很好的预示作用，尤其是在反转位。如何借助这些形态抓住上涨买点，是投资者需要重点掌握的，接下来就跟随本章内容进行深入学习。

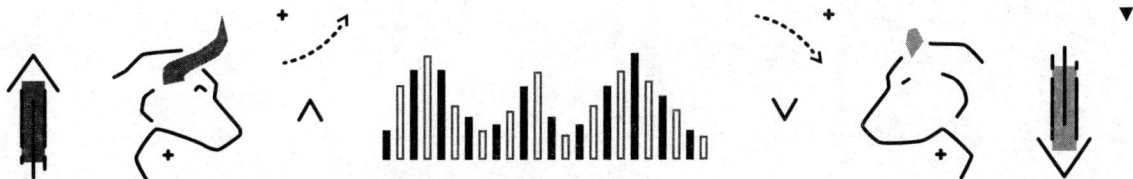

2.1 底部 K 线组合看涨形态

在下跌行情底部出现的 K 线组合看涨形态如果足够标准，就能在很大程度上帮助投资者定位转折点。

与第 1 章介绍过的多根 K 线构成的形态不一样的是，这些 K 线组合形成时间较长，传递出的反转信号会更加可靠。并且多数 K 线组合中还包含多个买点，投资者可根据自身操作策略选择。

2.1.1 暴跌筑底 V 形底

V 形底其实在前面的诸多案例中已经有所体现了，它是指股价运行到相对低位后突然加快下跌速度，落到某一位置得到支撑后立即转折向上，并以相似的速度快速回升，形成一个类似于尖锥的底部形态。

在 V 形底中存在一条关键压力线，即股价初始加速下跌处的价位线。当股价回升将其成功突破时，V 形底才能够宣告成立，如图 2-1 所示。

技术图示 V 形底筑底形态看涨

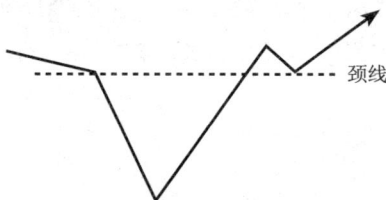

图 2-1　形态示意图

在大多数情况下，加速下跌的走势是市场卖盘加大力度压价，后市看跌的表现。但当其出现在行情底部，并且在下跌结束后迅速被拉升向上，形成 V 形底后，往往就成为主力在低位出手压价，大量吸筹以备后市拉升的预兆。

因此，投资者也可以明确 V 形底的买点位置，一是在反转的低位，属于抄底位；二是在 K 线突破颈线的位置，属于稳妥型买点。投资者可将其当作建仓点和加仓点。

接下来通过实例进行深入学习。

实例分析 海力风电（301155）V 形底预示主力参与

图 2-2 为海力风电 2022 年 3 月到 7 月的 K 线图。

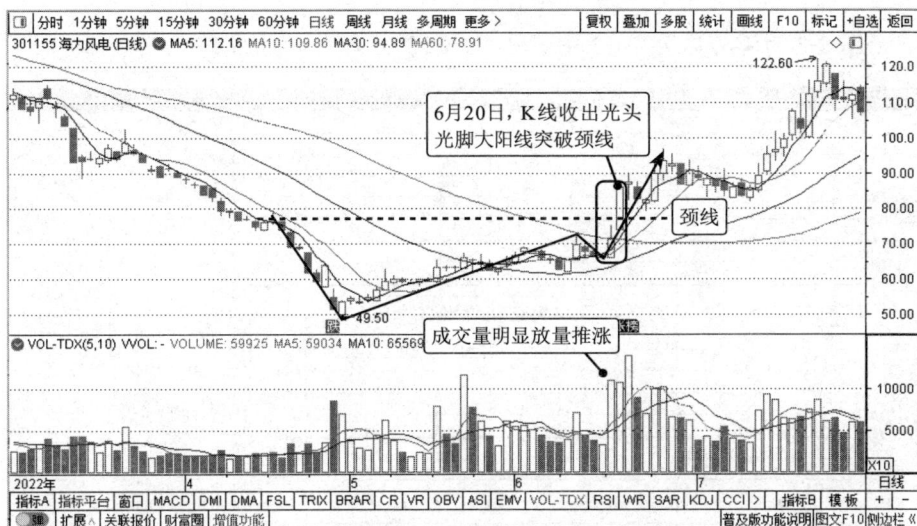

图 2-2 海力风电 2022 年 3 月到 7 月的 K 线图

观察海力风电的前期走势，不难看出该股面临的严峻形势，在很长一段时间内，均线组合都呈现出空头排列压制状态，股价尽管有过反弹，但都没能带动 5 日均线突破 10 日均线，二者只是短暂接触而已。由此可见，市场在此期间高度看跌该股，大量资金流出。

当这波下跌到了 4 月中旬时，股价于 75.00 元价位线处横盘止跌了数日，随后继续下跌。这一次该股的跌速明显加快，而且观察成交量也可以发现，量能相较于前期出现了逐步放大的走势，尤其是在 4 月底。结合理论来看，投资者可以合理推断可能是主力在其中压价吸筹。

就在成交量放出近期最大的巨量压价的次日，K 线开始连续收阳上升，很快便来到了 30 日均线附近，并在阶梯式上升的过程中成功将其突破。这时候许多投资者已经看出 V 形底的雏形了，再加上股价越过了 30 日均线，部分激进型投资者可试探建仓。

根据股价下跌期间的表现来看，V 形底的颈线应当处于 75.00 元价位线附近，那么在颈线尚未被突破之时，谨慎型投资者还需观望。

　　6 月上旬，股价已经上涨到了 60 日均线下方，正在酝酿下一波拉升。经过数日的回调，成交量迅速放量推动股价实现关键突破，而在突破的几个交易日内，还有一些看涨信息出现。

　　图 2-3 为海力风电 2022 年 6 月 16 日到 20 日的分时图。

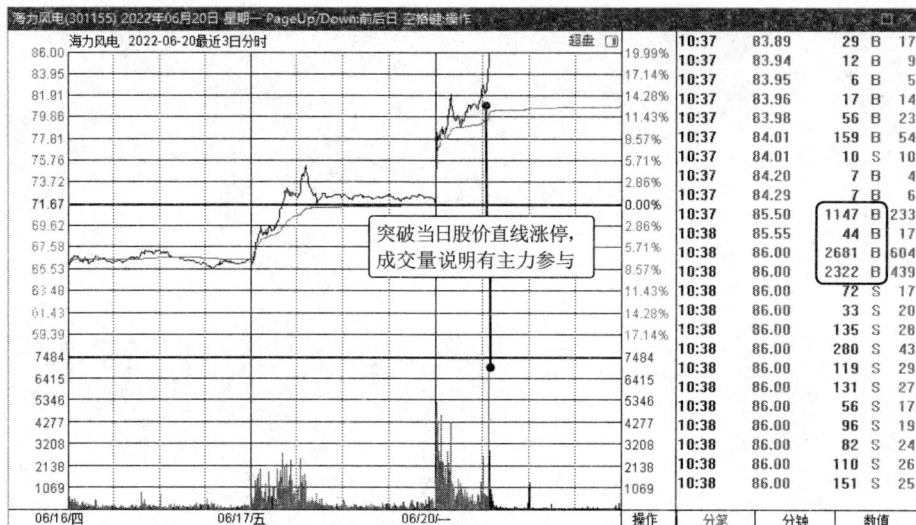

图 2-3　海力风电 2022 年 6 月 16 日到 20 日的分时图

　　6 月 16 日是股价仍处于 60 日均线下方震荡的一个交易日，当日的股价线走势趋向于横盘，整体十分平缓。6 月 17 日则是股价开始向上试探 60 日均线的交易日，盘中成交量活跃度明显跃升，使得股价前期涨势非常积极，后续虽有冲高回落，但依旧以高价收盘。

　　到了 6 月 20 日，成交量一开盘就释放出更大的量能，将股价震荡上推后再放量，直接将价格打到了涨停板上封住，直至收盘。

　　从右侧的分笔交易数据窗口中可以看到，在股价涨停的关键时刻，主力挂出了几个巨量买单，将价格快速封在涨停板上，可见其推涨决心之坚定，市场追涨热情之高。

　　那么结合 K 线图中股价对 60 日均线和 V 形底颈线的关键突破来看，这就是一个明确的买点，并且安全性比较高，谨慎型投资者也可跟进，前期已经建仓的投资者则可以加仓。

2.1.2　二次下跌双重底

双重底是指股价在低位反复震荡两次后，最终突破关键压力线进入上涨后构筑的底部形态。从形态上来看，它其实更像是由两个 V 形底组合而成的，股价在第一次突破失败后回落到与前期低点相近的位置，随后再次发起上攻，最终成功突破颈线，完成形态构筑，如图 2-4 所示。

技术图示 **双重底形态筑底预示**

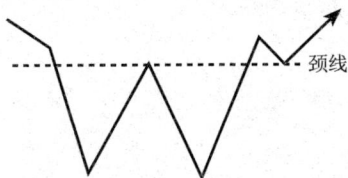

图 2-4　形态示意图

这里的颈线指的是股价第一次突破失败的高点，也就是中间的波峰。但有些时候，股价并不能一举成功实现突破，而是在接近该压力线后长期横向震荡，直至某一变盘时机出现后（比如成交量积极放量推动）才彻底向上越过其限制。

当然，如果股价到最后都没能突破，反而在长久的横盘或回调中失去推涨动力，转而回归下跌，那么这就不能被称作双重底，只能算是下跌途中的一次小幅反弹震荡。这时候，判断失误提前买入的投资者就要及时撤离止损了。

接下来通过实例进行深入学习。

实例分析 **贵州茅台（600519）双重底多次筑底**

图 2-5 为贵州茅台 2022 年 2 月到 6 月的 K 线图。

来看贵州茅台的这段走势，可以发现，股价无论是在下跌期间还是筑底期间，震荡都十分频繁，并且幅度不小，说明场内买卖双方竞争激烈，转折点更不好把握，因此，投资者需谨慎对待。

在经历一段波浪式下跌后，股价来到了 1 700.00 元价位线附近，在此止跌后小幅反弹至 1 800.00 元价位线上，随后继续下跌。这一次下跌的速度有明显加快，而且成交量明显放大，与上一个案例的情况如出一辙，那么投资者也要作出相应的推测，即主力压价吸筹。

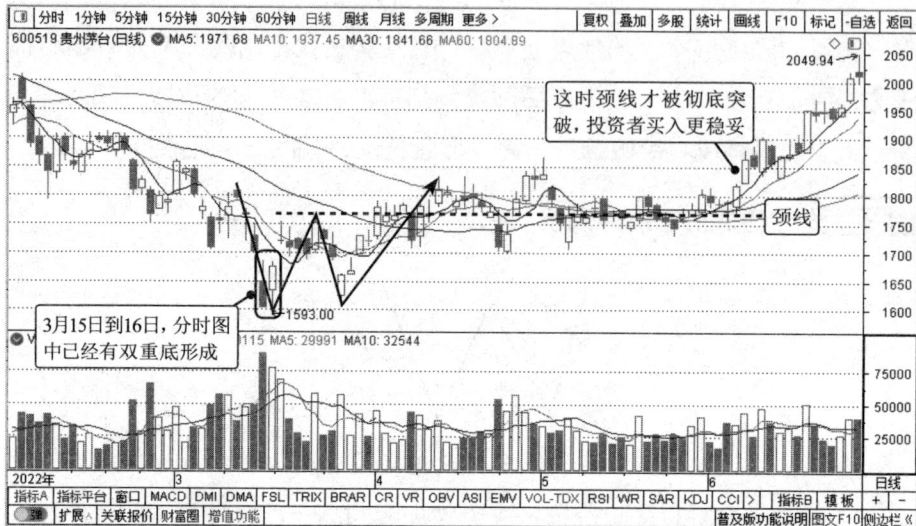

图 2-5　贵州茅台 2022 年 2 月到 6 月的 K 线图

3 月 15 日，股价向下探到 1 600.00 元价位线附近，次日收阳向上，两根 K 线分别带有长上影线和长下影线，十分特殊，可能有某些预示信息出现。

图 2-6 为贵州茅台 2022 年 3 月 15 日到 16 日的分时图。

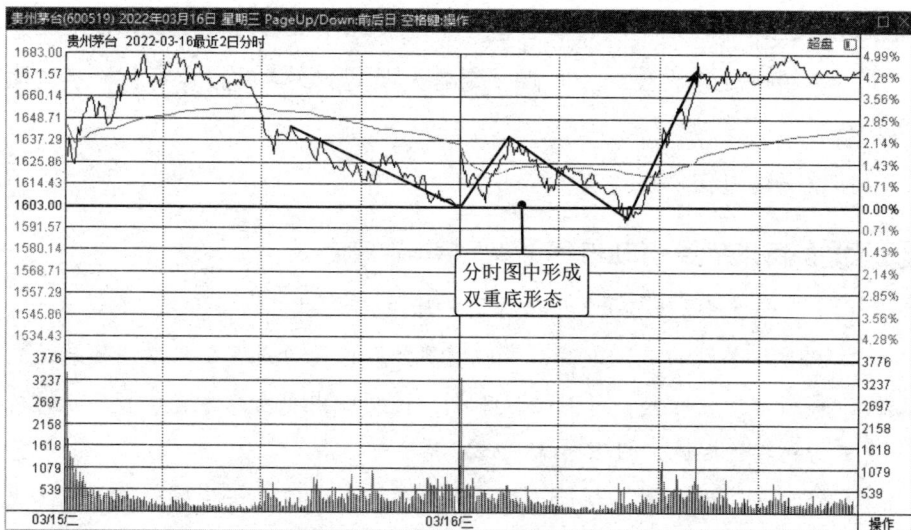

图 2-6　贵州茅台 2022 年 3 月 15 日到 16 日的分时图

观察3月15日的股价线走势，在开盘后价格就呈现出积极的震荡式上升，但在盘中受阻后迅速回落，最终以低价收盘，低点位于1 600.00元价位线附近。

3月16日的走势则十分不同，股价在开盘后就受到成交量的巨量压制而快速下跌了一段距离，又很快被拉起并反复震荡，最终在成交量的放量推动下呈锯齿状上升，以高价收盘，当日低点与前日相近。

将这两日的分时走势结合来看不难发现，其构筑出了一个双重底形态。尽管此时K线图中并未出现十分明显的转折形态，但加速下跌预示出的主力吸筹意图已经能够传递出一定的反转信号了，因此，投资者要对该股的后续走势保持高度关注。

在此之后，股价进入反弹之中，但在30日均线处受阻并回落。股价此次的低点并未下移，而是仍在1 600.00元价位线附近停住，次日迅速回升。

这时投资者就可以看出双重底的雏形了，而且股价低点的上移也在暗示下跌趋势可能即将反转。不过由于成交量没有给予放量支撑，投资者还不能着急买入，防止因判断失误被套。

根据前期走势来看，双重底的颈线位于1 750.00元价位线上方不远处，股价在4月初也确实突破了这一关键压力线，但在突破之后就迅速回落，进入长期横盘震荡之中。期间K线多次穿越颈线，投资者不能将其当作成功突破，只能等待后市变盘。

这样的震荡持续到6月初才出现明显改变，K线开始连续收阳上升，成功向上远离双重底颈线，并带动均线组合形成向上发散后形成多头排列的形态，可靠的买点出现，投资者可建仓入场。

2.1.3　震荡抬升头肩底

头肩底相较于前面两个形态来说更为复杂，它是股价三跌三涨形成的，分别包含三个底部和两个顶部，左右两侧的底部位置相近，并稍高于中间的底部，形成一个倒转过来的形态，如图2-7所示。

头肩底的颈线为两个波峰相连后延伸而成的直线，可以是水平线，也可以是向上或向下倾斜的线条。这一点并不影响头肩底的构筑，只要K线能够彻底将其突破，确切的建仓点和补仓点就会形成。

技术图示 头肩底筑底形态看涨

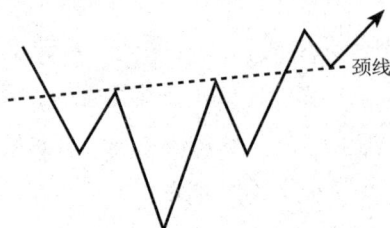

图 2-7 形态示意图

需要注意的是，由于头肩底形态拥有三个底部，投资者在建仓时需要有所选择。是在形态尚不清晰，但已经有反转迹象的头部建仓，还是在形态雏形已经出现的右肩处建仓，又或是在颈线被彻底突破，但买入成本可能稍高的位置建仓，主要取决于投资者的风险承受能力和判断能力。

接下来通过实例进行深入学习。

实例分析 德方纳米（300769）头肩底突破位置买入

图 2-8 为德方纳米 2022 年 3 月到 7 月的 K 线图。

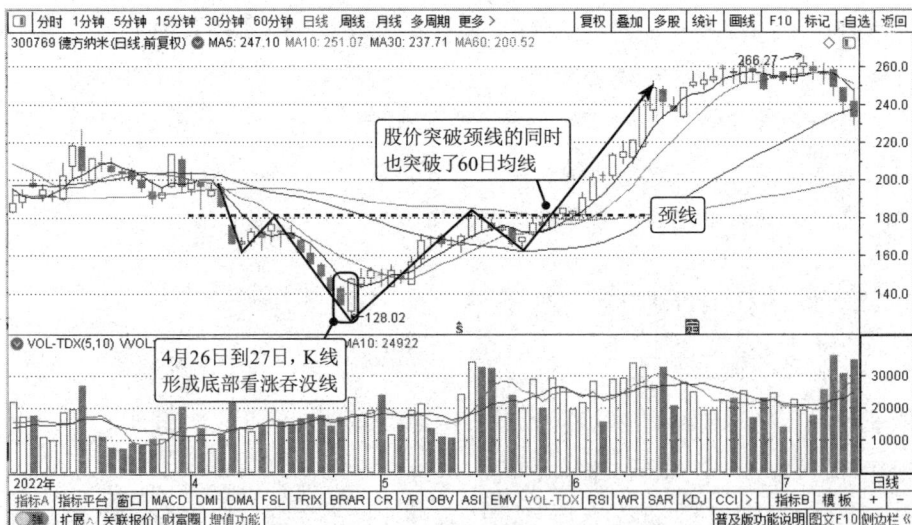

图 2-8 德方纳米 2022 年 3 月到 7 月的 K 线图

2022 年 3 月，德方纳米的股价仍长期处于中长期均线附近横向震荡，变盘方向不明。不过在进入 4 月后，股价就开始快速下跌，第一波下跌落到 160.00 元价位线附近后小幅反弹。

第一次明显反弹的高点在 180.00 元价位线上受阻，随后股价继续下跌。在下跌期间，K 线收阴幅度十分稳定，股价几乎是以斜线下行，成交量还有小幅放量，说明空方在主动压价，不排除主力吸筹的可能。

4 月 27 日，股价跌到最低 128.02 元的位置后反转收阳，阳线实体完全吞没了前一根阴线，形成看涨吞没线转折形态。除此之外，在分时走势中也有成交量异动表现。

图 2-9 为德方纳米 2022 年 4 月 26 日到 27 日的分时图。

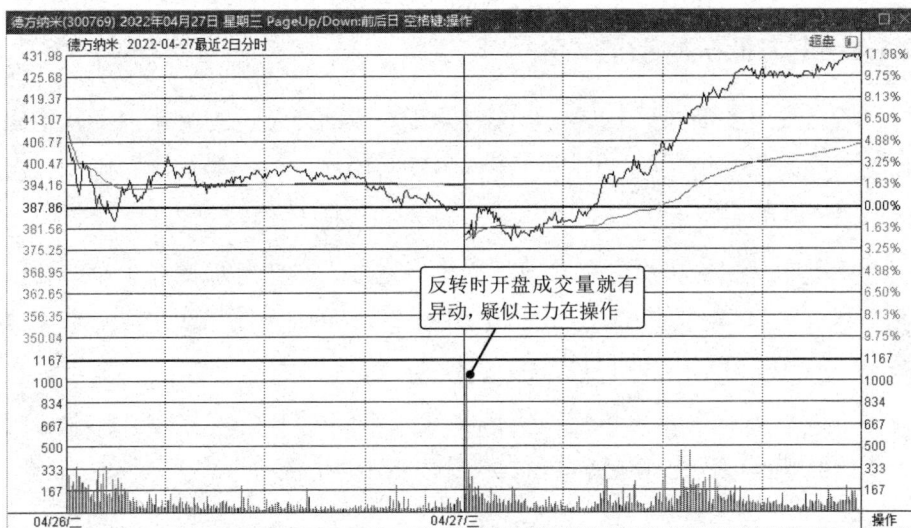

图 2-9　德方纳米 2022 年 4 月 26 日到 27 日的分时图

从图 2-9 中可以看到，股价在 4 月 26 日的走势没有什么特别的，只是在开盘后被卖方主动下压到一定位置后小幅反弹，最终又下跌以低价收盘。但 4 月 27 日开盘后，盘中出现的一根巨大的量柱明显传达出主力拉涨的意图，股价后续震荡上升收出长阳线的走势也证实了这一点。

因此，部分激进型投资者在发现这一形态后，期间已经可以尝试抄底建仓了，但一定要注意仓位管理，避免重仓被套。

回到 K 线图中继续观察后续的走势。该股在此之后呈阶梯式向上攀升，于 5 月上旬靠近 30 日均线，并很快形成突破。不过突破之后该股就在 180.00 元价位线上受阻并回调，低点回踩 30 日均线不破。

此时拉长周期来看，该股回调的低点与 4 月初下跌企稳的低点十分接近，数日前的高点受阻位置也与 4 月中旬反弹结束的位置相近，一个头肩底形态的雏形逐渐清晰起来。

结合股价回踩 30 日均线不破，并有继续拉升的迹象来看，该股突破形态颈线的可能性极高，部分仍处于观望的投资者可以进场了。

5 月底，股价在上涨到颈线附近后横盘震荡，最终于 6 月初成功实现突破，并且一次性突破了头肩底的颈线和 60 日均线，传递出强烈的买入信号。此时还未建仓的投资者就要抓紧时间，已经买入的则可以继续加仓。

2.1.4　空方抵抗塔形底

塔形底由多根 K 线构成，形成时间相对前面介绍过的 V 形底、双重底和头肩底来说要短一些，因此，更常见于阶段底部，是股价短暂回调，后续依旧看涨的表现。

该形态其实与早晨之星有一定的相似之处，其研判关键在于左右两根长实体 K 线，同样是前阴后阳，中间则是一系列横向窄幅震荡的小实体 K 线，不论阴阳。由此可见，塔形底就是"星星"变得很多的早晨之星。

不过塔形底不要求两根长实体 K 线与中间的小实体 K 线之间形成跳空，只要实体程度差距够大就可以，如图 2-10 所示。

技术图示 **阶段底部的塔形底**

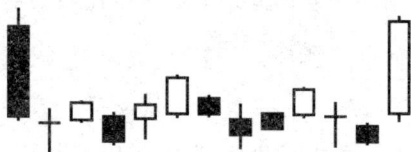

图 2-10　形态示意图

正是这两根长实体 K 线，将小幅震荡的小实体 K 线群孤立在外，仿佛一座孤岛。该形态不存在颈线一说，但其压力线很明显，就位于长阴线的开盘价附近，只要后续 K 线能够有效突破该价位线，形态就算成立，释放出的强烈看多信号也会催促投资者作出决策。

接下来通过实例进行深入学习。

实例分析 金雷股份（300443）塔形底开启下一波上涨

图 2-11 为金雷股份 2021 年 5 月到 8 月的 K 线图。

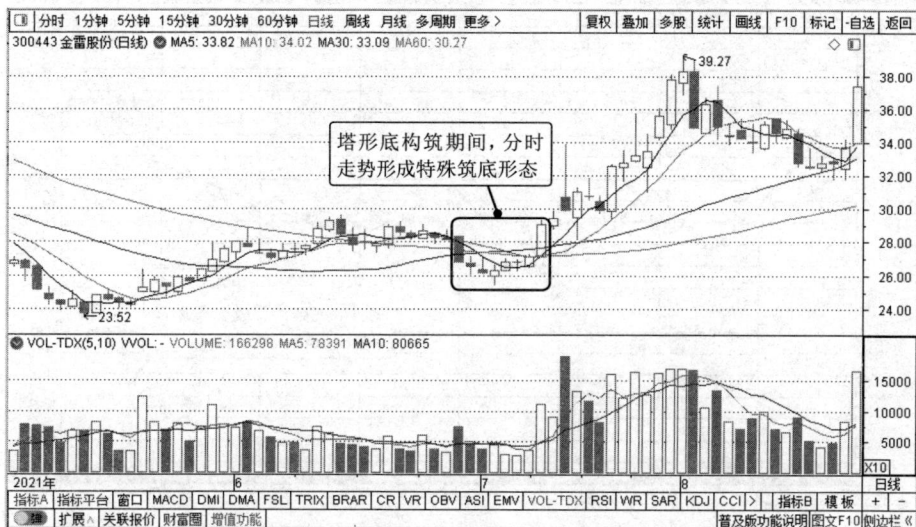

图 2-11 金雷股份 2021 年 5 月到 8 月的 K 线图

在 2021 年 5 月之前，金雷股份的股价还处于下跌之中，且 K 线与中长期均线之间的距离较远，说明前期跌幅不小。

5 月上旬，股价在下跌到 23.52 元的位置后企稳筑底，随后逐步转向上移，并于 5 月底成功突破 30 日均线，这时候部分投资者已经反应过来开始建仓了，有些则还在等待 60 日均线被突破的时机。

6 月中旬，K 线越过了 60 日均线，但没能维持住上涨，而是在其上方形成了一段时间的滞涨回调，还在 6 月底时大幅收阴下跌，落到下方。

不过此后股价也没有下跌太多，只是在 26.00 元价位线上方小幅震荡，期间有过一次下探，不过很快回升到该支撑线附近横盘。进入 7 月后不久，K 线就成功收阳向上突破中长期均线。

观察这段时间内的 K 线形态可以发现，6 月底突兀下跌的大阴线、中间小幅震荡的小 K 线及最后一根向上突破的大阳线，组合起来形成了塔形底反转形态，而且阳线高点明显越过阴线开盘价，形态已经成立。

除了外部 K 线构筑出的反转信号之外，这一段时间内的分时走势也有特殊形态形成。

图 2-12 为金雷股份 2021 年 6 月 29 日到 7 月 8 日的分时图。

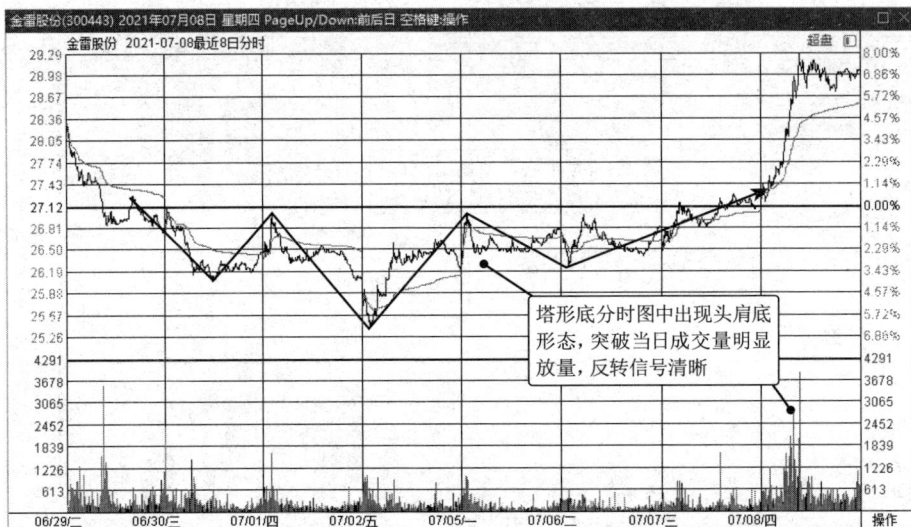

图 2-12　金雷股份 2021 年 6 月 29 日到 7 月 8 日的分时图

从塔形底 K 线组合的联合分时走势来看，股价在这段时间内形成了一个头肩底形态。而且在突破当日成交量明显放量推动，主力参与痕迹明显，那么投资者就有理由认定下一波上涨即将到来，进而及时在股价突破的当日或是后续买入。

2.2　整理位 K 线组合突破形态

除了形成于底部反转位的 K 线组合具有较高的参考价值以外，一些出现在上涨过程中的整理 K 线组合形态也能够为投资者指示出合适的建仓点和补仓点。

这些整理 K 线组合形态往往具有频繁震荡、压力线和支撑线显著及几何特性较强的特征，比较常见的有上升三角形、矩形、楔形、旗形等，下面就来分别进行详细介绍。

2.2.1　上升三角形

上升三角形是在股价上涨受阻后反复震荡形成的，其震荡高点基本位于相近的位置，连接起来可形成一条水平压力线，但震荡低点却在渐次上移，连接后形成一条上升斜线，两线相接便可勾勒出一个直角三角形，如图 2-13 所示。

技术图示　**上升三角形突破看涨**

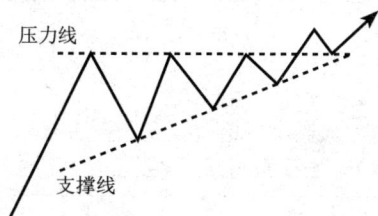

图 2-13　形态示意图

很显然，上升三角形的成因是市场意图推动价格向上突破，但始终未能凝聚足够的动能，导致高点都被限制在同一条压力线上。不过这种上推也不是没有成效的，至少股价震荡的低点在逐步上扬，当其上移到接近压力线的位置时，变盘也就不远了。

一般来说，在上升行情中形成的上升三角形，最终的变盘方向都是向上，激进型投资者完全可以在确定形态雏形后在震荡的低点买入，等到股价突破压力线时顺势加仓。当然，谨慎型投资者也可以等到变盘时买入，后续回踩企稳时再加仓，这样更加稳妥。

接下来通过实例进行深入学习。

实例分析　**通宝能源（600780）抓住上升三角形突破位**

图 2-14 为通宝能源 2022 年 7 月到 2023 年 3 月的 K 线图。

从通宝能源的这段股价走势来看，时间周期拉得比较长，所以很多中短线投资者都观察不到其中的特殊形态。但也正是由于构筑时间长，形态的可靠性将会得到进一步加强，下面来看投资者该如何一步一步分析出特殊形态的含义。

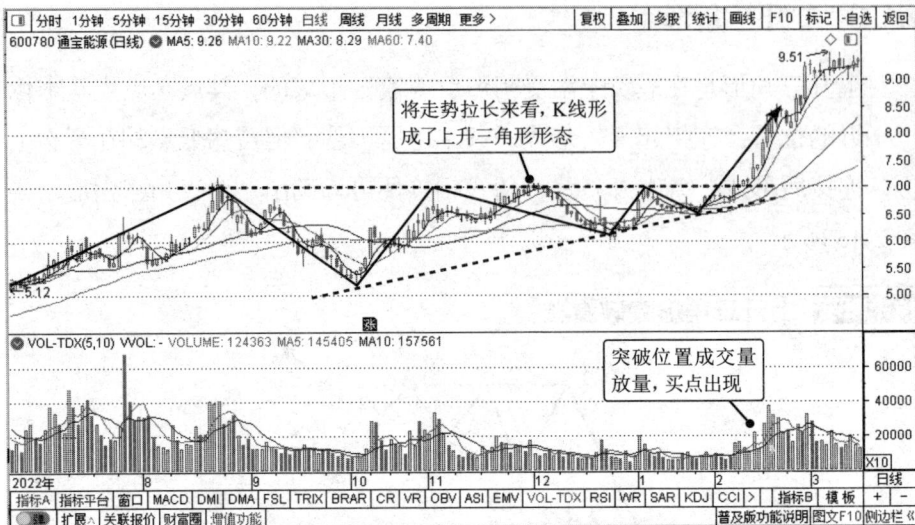

图 2-14 通宝能源 2022 年 7 月到 2023 年 3 月的 K 线图

2022 年 7 月到 8 月，股价仍处于上涨，中途虽有回调，但低点都在 30 日均线上得到支撑，说明市场多方动能还是比较充足的。不过由于该股 8 月上涨过程中的量能不如前期，价格有可能面临回调，投资者要注意及时兑利卖出。

8 月底，这一推测得到了证实，股价在 7.00 元价位线上受阻后开始震荡回落，低点很快跌破两条中长期均线。这意味着后续股价不是深度回调就是转入下跌行情，危险性较高，投资者最好不要停留。

好在一个月之后，股价在 5.00 元价位线上方止跌并回归上涨，于 10 月底突破中长期均线后继续向着前期压力线进发。然而这一次股价也没能越过 7.00 元价位线，可见这是一条关键压力线，未来该股是否能够有更好的表现，是否能够为投资者带来更高的收益，就在于 K 线对其的突破走势了。

11 月中旬，股价下跌到中长期均线上方不远处止跌后再度上冲，但还是没能突破压力线，随后 K 线震荡下行小幅跌破中长期均线，低点落在 6.00 元价位线上。

这时候一些对特殊形态敏感度较高的投资者可能已经发现了上升三角形的雏形，毕竟高点三次被挡在同一价位线上，股价低点又明显上移，很符合上升三角形成型的前置条件。

因此，投资者可以开始以 10 月初和 12 月底的两个低点连线为基础，推测下一次股价低点所处的位置。若符合预期，就大概率证实了上升三角形的出现，投资者就可以尝试建仓。

继续来看后面的走势。股价在 6.00 元价位线上重整旗鼓继续拉升，高点不出所料又一次在 7.00 元价位线上受阻。而当股价下跌得到支撑止跌时，可以发现低点正好落在前面绘制出的上升支撑线上，由此确认了上升三角形的出现，激进型投资者可以趁机买入。

待到股价在 6.50 元价位线上整理完毕继续上冲时，上升三角形已经收敛得非常狭窄了，这就说明变盘将很快来临。

事实也确实如此，股价在 7.00 元价位线上受阻后小幅回调，最终成功在 2023 年 2 月实现彻底突破，同时成交量也给予明显放量支撑，多方位释放出看涨信号。此时，一直在观望的投资者就可以跟进了，已经在前期建仓的投资者也可以加仓。

2.2.2　等腰突破三角形

等腰三角形与上升三角形的技术形态和成因十分类似，都是股价震荡区间逐步收敛形成的，区别在于等腰三角形的上边线在持续向下倾斜，如图 2-15 所示。

技术图示 等腰突破三角形看涨

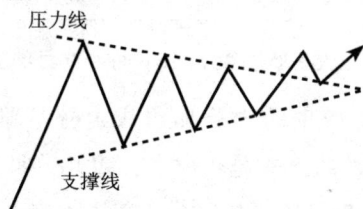

图 2-15　形态示意图

由于等腰三角形是由两边向中间收敛的，股价的高点和低点都在逐步靠近，因此，在构筑过程中没有明显的趋势偏向，在行情的各个位置都可能出现，不过后续的变盘方向还是和当前的行情走向联系比较紧密的。

也就是说，当等腰三角形形成于上升过程中，其变盘方向也大概率会朝向上方，投资者是可以提前买入的。如果股价震荡幅度足够大，投资者甚至还可以借助股价的波动规律低吸高抛。

当然，也不能排除等腰三角形结束后股价向下变盘的可能，这在实战中并不少见。这时投资者就要多方面分析，比如观察主力是否有出货意图、成交量是否有异动等，必要时可先行卖出观望。

接下来通过实例进行深入学习。

实例分析 **天华新能（300390）等腰突破三角形的买入信号**

图 2-16 为天华新能 2021 年 6 月到 9 月的 K 线图。

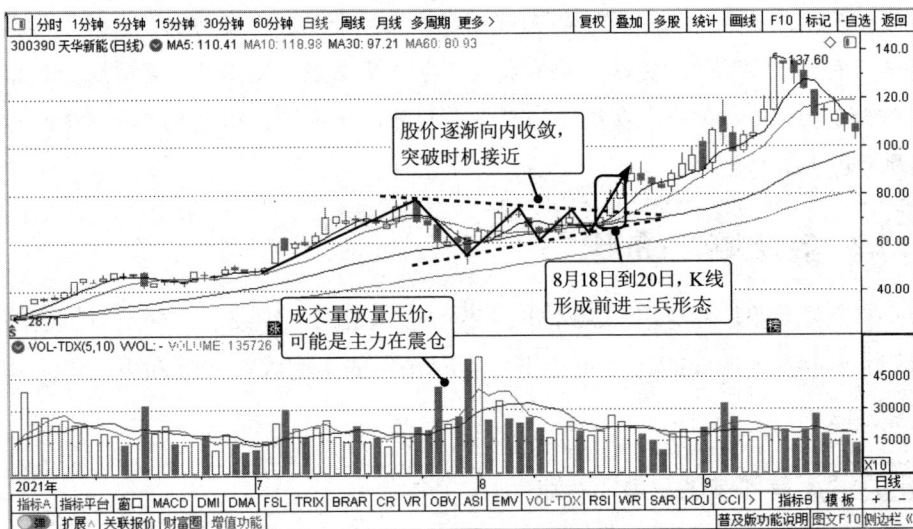

图 2-16　天华新能 2021 年 6 月到 9 月的 K 线图

从天华新能这段走势中的中长期均线走势不难看出，该股从 2021 年 6 月开始就已经处于长期的上涨趋势中了，因此，投资者在把握住整体运行方向的情况下，就可以更加游刃有余地利用 K 线形态买卖股票。

7 月中旬，股价上涨至 80.00 元价位线附近后滞涨回落，初始下跌的速度非常快，阴线实体较长，同时成交量也有明显放量压制，这大概率是主力操作所致。

至于其目的，既可能是上涨途中的震仓，也可能是在出货。不过根据后续股价跌到 30 日均线上得到支撑的走势来看，震仓的可能性比较大，那么中长线投资者就可以不着急卖出。

数日之后，股价上升至 70.00 元价位线上方后受阻又一次下跌，没能突破前期高点。但数日后 K 线还是在 30 日均线上止跌回升，可见这并不是下跌行情开启的标志，反而构筑出了一个高点和低点分别向中间收敛的等腰三角形的雏形。

结合中长期均线的持续稳定上升表现，以及对 K 线的支撑作用来看，这个等腰三角形结束后股价向上变盘的概率较大，投资者可根据自身操作风格决定是否在此建仓。

随着支撑线和压力线逐渐靠近，变盘时机来临了，股价在 8 月中旬成功向上突破了等腰三角形上边线，收出的三根关键阳线还构筑出前进三兵形态。只是因为后面两根阳线都带有上影线，形态更偏向于升势受阻，下面通过分时走势来进行验证。

图 2-17 为天华新能 2021 年 8 月 18 日到 20 日的分时图。

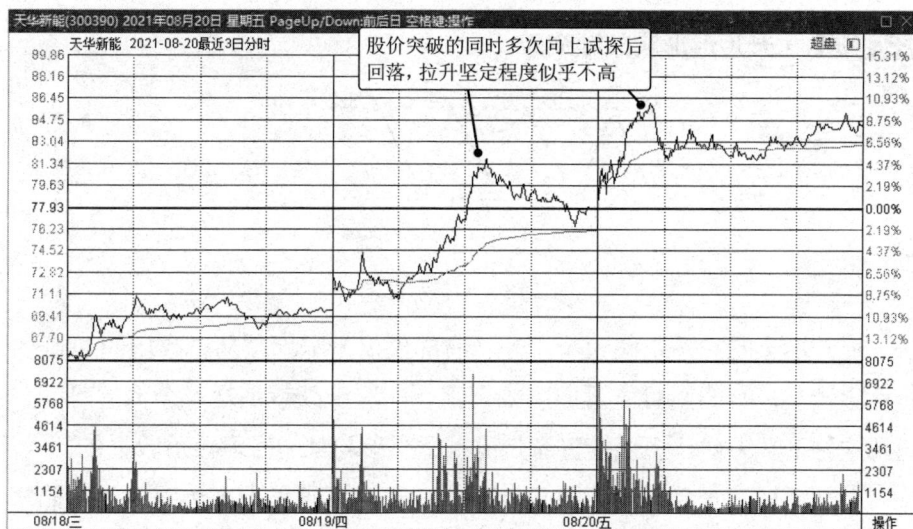

图 2-17　天华新能 2021 年 8 月 18 日到 20 日的分时图

从图 2-17 中可以看到，股价线在 8 月 19 日和 20 日的走势非常相似，都是在盘中积极拉升后于某一位置冲高回落。在冲高回落的过程中，成交量都有集中放量，可见是主力刻意为之。

在突破等腰三角形上边线的关键时刻催生出这种走势，有可能意味着股价虽有上涨，但需要先进行一段回调释放抛压，随后再继续拉升。不过投资者也不能排除是主力在诱多准备出货的可能性，所以，此时需谨慎观望。

继续来看后面的走势。股价在此之后确实进行了一波回调，但低点在 10 日均线上就得到支撑重拾升势了，可见是属于前一种情况，那么投资者就可以继续持有，此时还未建仓的投资者要抓紧时间。

2.2.3　上升矩形

矩形整理形态是最为常见的整理形态之一，在行情运行过程中和行情反转位置都有可能出现。

而上升矩形则是在上涨整理过程中构筑出的形态，具体是指股价上涨到一定位置后受阻横盘，期间高点与低点分别持平，使得形态具有明显的矩形特征。当股价分别在横盘支撑线与压力线上落点三次后，上升矩形就算成型，如图 2-18 所示。

技术图示 上升矩形形成关键突破

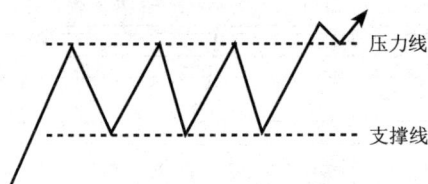

图 2-18　形态示意图

上升矩形的震荡空间大小不一，有的仅仅是窄幅震荡，收出的 K 线实体也比较小；有的则可能形成巨幅震荡，一次涨跌就消耗半个月的时间，遇到这种上升矩形，短线投资者是可以适当参与其中赚取差价收益的。

上升矩形运行到后期，股价若能成功向上突破形态上边线，并在回踩时得到支撑，新一波的拉升可能就会到来，至少短时间内的上涨基本能够确定，那么投资者就可以在突破位或回踩位迅速加仓。

接下来通过实例进行深入学习。

实例分析 协和电子（605258）上升矩形预示拉升在即

图 2-19 为协和电子 2022 年 4 月到 8 月的 K 线图。

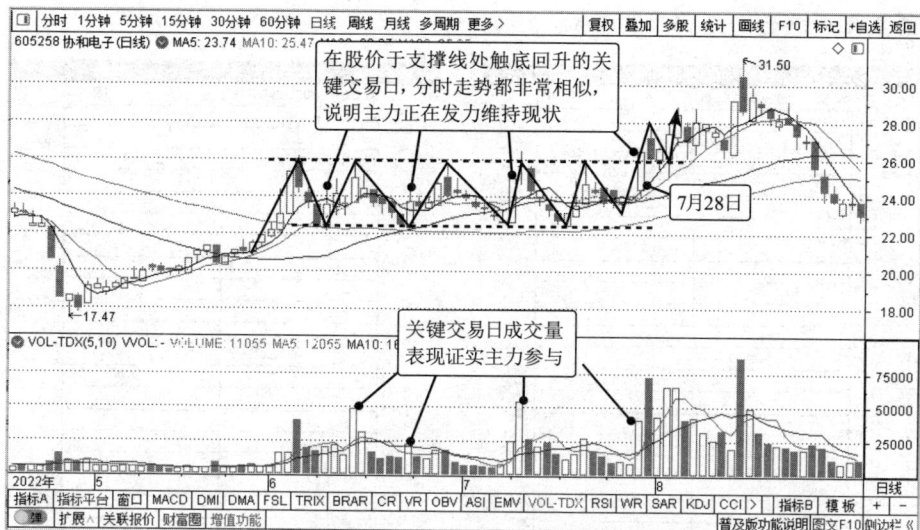

图 2-19 协和电子 2022 年 4 月到 8 月的 K 线图

从图 2-19 中可以看到，协和电子的股价在 2022 年 4 月底接触到 17.47 元的近期新低后开始反转向上，一个月后成功越过 30 日均线的限制，不久之后 60 日均线也被突破，可见该股是进入了一波新的上涨之中。确定走势基调后，投资者就可以选择合适的时机买入。

6 月初，股价突破 60 日均线后不久在 26.00 元价位线上受阻，随后快速回调，低点落在 22.00 元价位线上。在回调的过程中，成交量明显放量，说明有主力在参与，目的大概率是震仓，毕竟股价没有下跌太多。

在后续近两个月的走势中，股价重复着前期的震荡走势，多次在 22.00 元到 26.00 元内窄幅波动，形成了清晰的矩形形态。而且在此期间，股价止跌回升时基本都会收出实体较长的阳线，成交量也跟随放大，主力参与的痕迹非常明显，下面来看几个具有代表性的交易日走势。

图 2-20 为协和电子上升矩形构筑期间关键交易日的分时图。

很显然，这几个交易日的分时走势两两相似，前面三个都出现在止跌企稳的位置，最后一个则是股价向上强势突破矩形上边线的位置。而无论是冲高回落还是直线涨停，成交量都有明显集中放量，说明此次矩形整理是主力在参与调控，震仓目的十分清晰。

那么当股价在后续通过直线涨停突破矩形上边线时，投资者就可以跟随买入或是加仓，抓住后续涨幅。

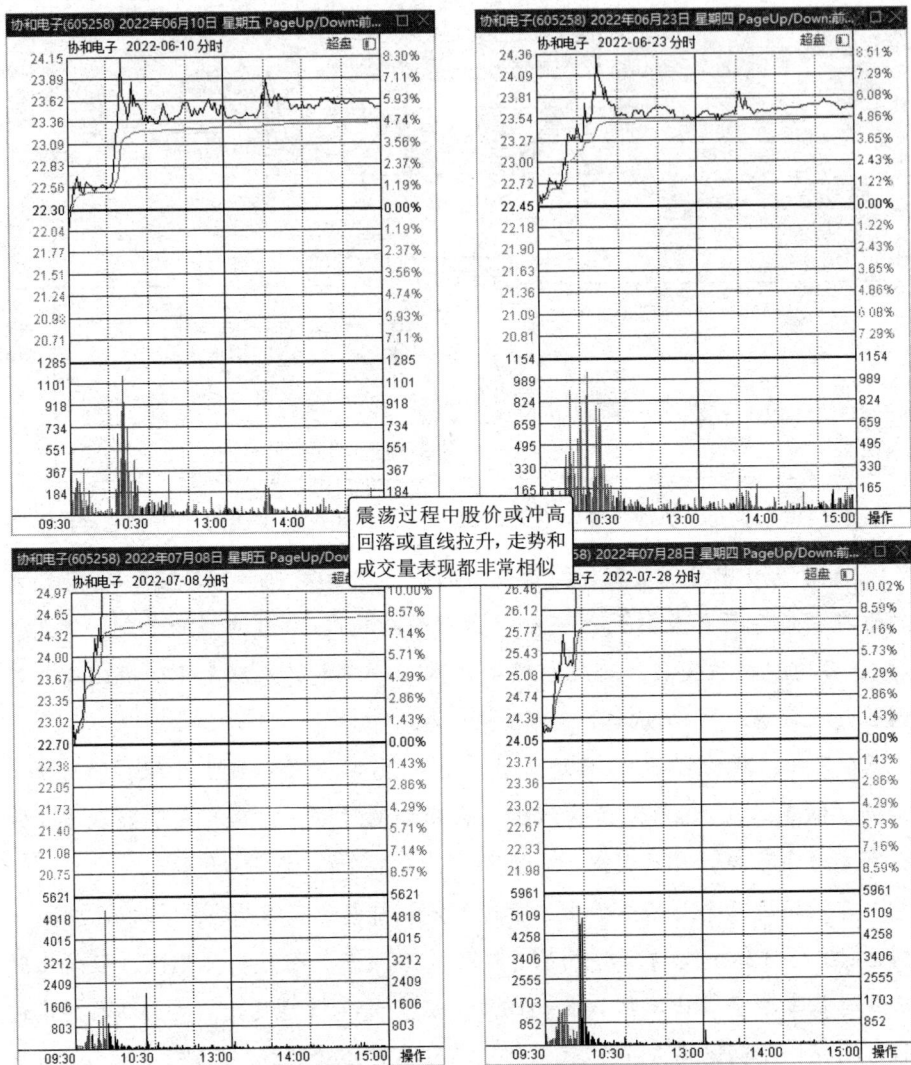

图 2-20　协和电子上升矩形构筑期间关键交易日的分时图

2.2.4　下降旗形和下降楔形

下降旗形和下降楔形属于同一类型的整理形态，其中，当股价向下震荡下跌，其高点和低点同步下移时，分别将这些关键点连接起来得到的一个平行向下的四边形，就是下降旗形，如图 2-21（左）所示。

如果股价高点下移的速度与低点下移的速度不一致，这些关键点连接起来得到的就是一个震荡空间逐渐收敛的下降楔形，如图 2-21（右）所示。

技术图示 **下降旗形（左）和下降楔形（右）**

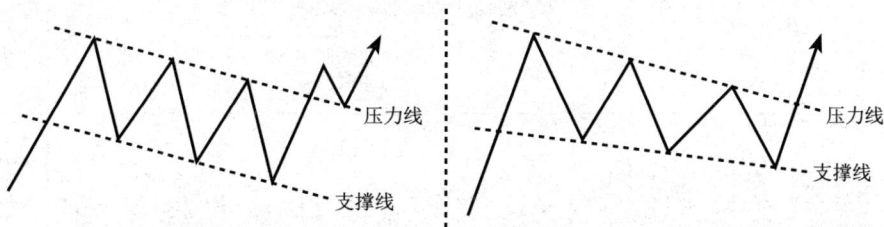

图 2-21 形态示意图

两个形态在表现上稍有不同，但成因和含义基本一致，是股价上涨受阻后回调形成的。与前面几个偏向于横向震荡的整理形态不同，价格需要经过一段时间的下跌才能构筑出下降楔形或下降旗形。也就是说，下降楔形和下降旗形的出现意味着深度回调的进行。

对于短线投资者来说，最好避开下降楔形和下降旗形构筑期间的下跌，中长线投资者则以观望为主。当股价向上突破下降楔形和下降旗形的上边线之后，投资者就可以根据能力和策略决定是否继续跟进了。

接下来通过实例进行深入学习。

实例分析 **弘元绿能（603185）下降楔形的看涨预示**

图 2-22 为弘元绿能 2020 年 12 月到 2021 年 7 月的 K 线图。

2020 年 12 月到 2021 年 1 月，弘元绿能的股价显然处于稳定的上升趋势中，但由于成交量越到后期缩减得越明显，市场推动力逐渐跟不上价格的持续上涨，滞涨或回调可能即将来临。

这一推测在 1 月底得到了证实，股价在 200.00 元价位线下方不远处受阻后开始震荡下跌，很快便跌破了 30 日均线。这就意味着后续不是深度回调就是行情反转，风险承受能力较弱的短线投资者要注意止损卖出。

在近两个月的震荡下跌中，股价高点和低点的下移呈现出一定的规律性，分别将这些关键点连接起来，就形成了一个下降楔形的整理形态。

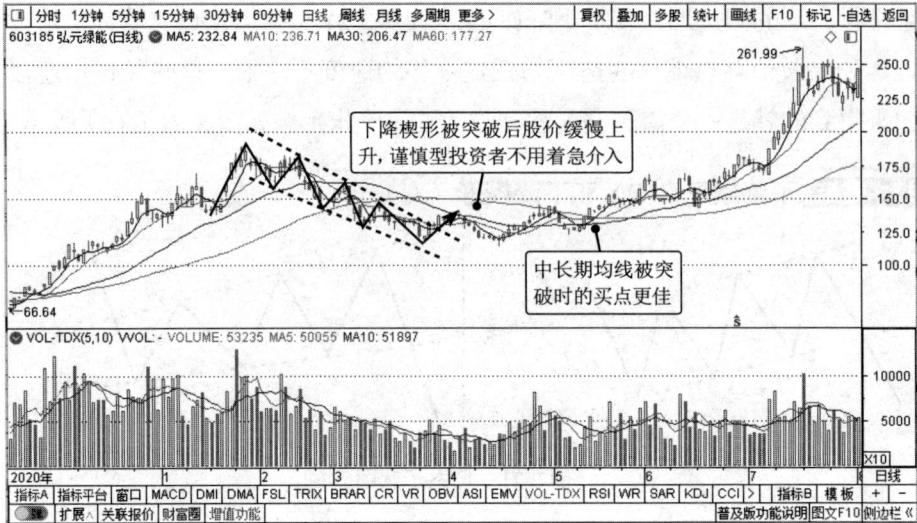

图 2-22　弘元绿能 2020 年 12 月到 2021 年 7 月的 K 线图

这虽然是一种短期看跌、长期看涨的特殊形态，但由于价格到后期已经跌破 60 日均线，危险性较高，许多投资者还是先行卖出了，场外投资者也没有更多的买入积极性，导致成交量明显缩减。

3 月底，股价再一次上冲，这一次却成功突破了下降楔形上边线，并沿着 30 日均线小幅震荡运行。4 月中旬，在成交量的放量支撑下，K 线成功突破 30 日均线，传递出回调即将结束，上涨行情即将回归的信号。

这时激进型投资者就可以建仓跟进，而谨慎型投资者和一直持股观望的中长线投资者则可以等到 K 线突破 60 日均线时建仓和加仓，以抓住后市的上涨。

第 3 章

短期K线看空形态分析

在学习了大量的K线看涨形态后，相信投资者对于如何把握买点已经有了比较充分的认识。一个好的卖点是决定收益高低的关键，K线看跌形态能够帮助投资者作出决策，本章针对一些常用的看跌K线形态进行介绍。

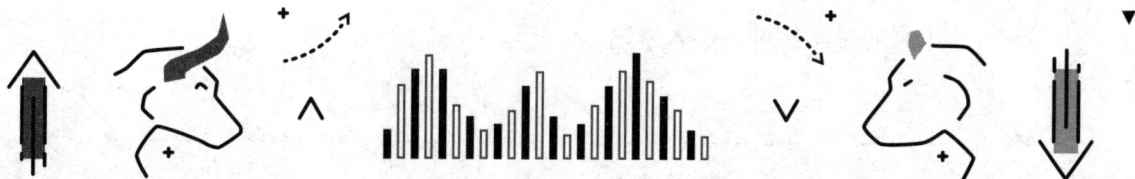

3.1 单根看跌K线深入解析

出现在恰当位置的单根看跌K线往往具有一锤定音的效果，尤其是在反转顶部或是关键支撑位上徘徊时，这类特殊K线就能够帮助投资者理清行情走向，及时撤离止损。

当然，只凭借单根K线看跌形态就断言股价转势下跌还是太过武断，投资者最好借助多方面信息综合分析，比如分时走势、成交量表现、中长期均线的支撑性等，这样才能提高研判成功率。

3.1.1 光头光脚大阴线

光头光脚大阴线指的是个股当日的开盘价与最高价相等，收盘价与最低价相等，K线只有实体没有上下影线的特殊形态，如图3-1所示。

技术图示 跌破关键线的光头光脚大阴线

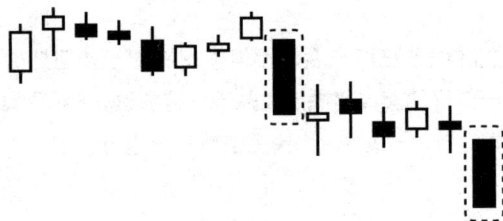

图3-1 形态示意图

也就是说，个股大概率在当日开盘后就一直下跌，盘中没有形成过有效的反弹，或者形成的反弹高点没能越过开盘价，反弹结束后股价继续下跌直到收盘，属于明显的颓势信号。

这说明在未来一段时间内，市场的卖盘活跃度会非常高，股价可能形成持续性的下跌。并且光头光脚阴线的实体越长，这种预警信号就越强烈，比如跌停大阴线。

若光头光脚大阴线形成于阶段高位或行情高位，发出的可能就是转势的信号，谨慎型投资者可以先行离场，保住已有收益。

接下来通过实例进行深入学习。

实例分析 **值得买（300785）光头光脚大阴线预示下跌**

图 3-2 为值得买 2023 年 4 月到 8 月的 K 线图。

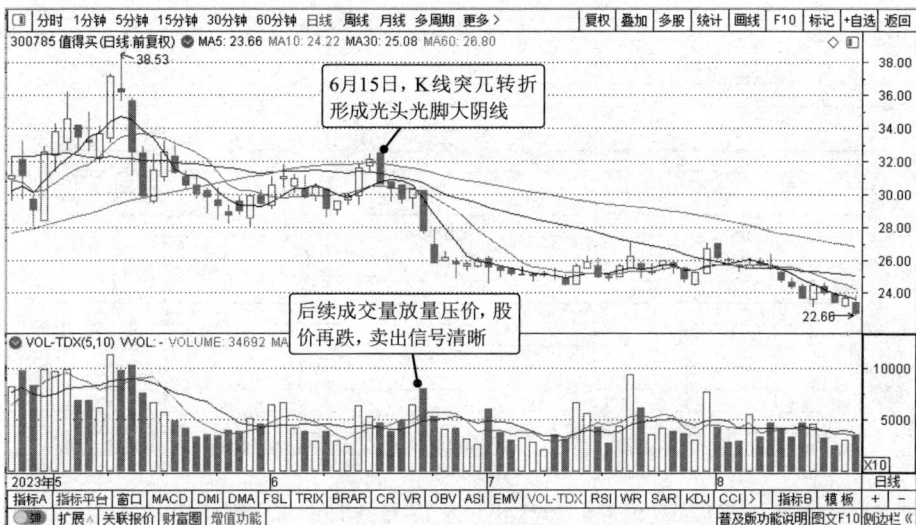

图 3-2　值得买 2023 年 4 月到 8 月的 K 线图

在该股震荡涨跌的过程中，30 日均线保持着长期下行的压制作用，但 60 日均线在 6 月中旬之前还维持着上行，可见该股前期经历了一段时间的上涨，当前处于转折后反弹的过程中。看清形势后，投资者就要注意盘中的各种看跌信号，防止抢反弹被套。

5 月上旬，股价在 38.00 元价位线附近受阻后大幅收阴下跌，低点落在 60 日均线上止跌，不过数日之后还是彻底将其跌破，传递出弱势信号，投资者已经可以清仓卖出了。

5 月底，股价于 28.00 元价位线上得到支撑后形成反弹，又吸引了一批买盘跟进。然而后续的走势告诉投资者，这只是一次幅度不大的反弹，至少 K 线没能越过两条中长期均线的压制，因此，抢反弹的投资者可以在 K 线接近 60 日均线的位置卖出兑利。

6 月 15 日，股价在二次上冲的过程中小幅突破 60 日均线，但当日也快速拐头下跌收出一根光头光脚大阴线。不仅如此，这一根长阴线还向前吞没了前一根阳线，形成看跌吞没线形态。下面来看这几日的分时走势。

图 3-3 为值得买 2023 年 6 月 13 日到 15 日的分时图。

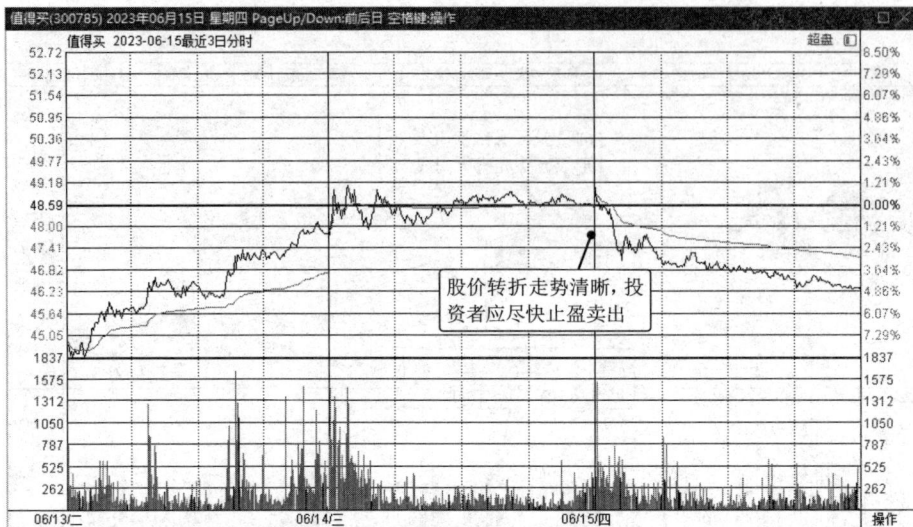

图 3-3　值得买 2023 年 6 月 13 日到 15 日的分时图

6 月 13 日和 14 日都是股价反弹过程中积极上升的交易日，从图 3-3 中可以看到，股价前期涨势迅猛，上涨过程中的成交量表现也十分活跃，可见市场是有配合推动的。

然而在接近 60 日均线时，受抛压和压力线的限制，股价开始横盘震荡，最终于 6 月 14 日收出一根小实体阳线。这时候投资者结合内外走势情况就可以分析出危险信号，此时就要及时减仓或清仓。

6 月 15 日股价的下跌就十分清晰了，开盘后成交量放巨量压制价格斜线下跌，后续股价虽有企稳反弹，但显然连均价线都没能接触到，最终还是回归下跌，以低价收盘。

分时走势的弱势再加上 K 线图中形成的光头光脚大阴线和看跌吞没线，已经充分说明该股可能即将在中长期均线的压制下进入长期的下跌之中，投资者不可继续停留。

后续的走势也证实了这一点，股价此后短暂在 30.00 元价位线上停留数日后再度大幅下跌。下跌当日的 K 线虽不是光头光脚大阴线，但也相差不远，而且实体更长，成交量也明显放大，传递出的看跌信号更强烈。

3.1.2　射击之星

射击之星也称扫帚星、流星，指的是形成于阶段顶部或行情顶部，带长上影线、实体较小的 K 线，并且 K 线的上影线长度需要是实体的两倍及以上，使其看起来就像一颗向下坠落的流星，如图 3-4 所示。

技术图示　顶部反转射击之星

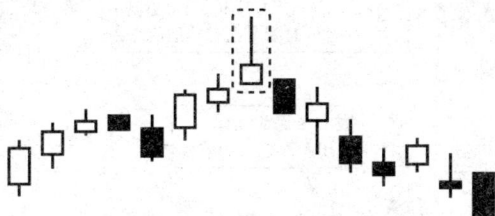

图 3-4　形态示意图

当射击之星形成于股价高位或见顶当日时，代表上方压力较重，市场有转势可能。并且射击之星的上影线与实体长度差距越大，这种转势的信号就越强烈，谨慎一些的投资者可提前出局。

需要注意的是，完全不带下影线的小 K 线才是标准的射击之星，但少数射击之星也会带一点非常短的下影线。这样的形态同样成立，发出的也是卖出信号，只不过信号强度不如标准的射击之星。

接下来通过实例进行深入学习。

实例分析　浪潮软件（600756）射击之星卖出信号

图 3-5 为浪潮软件 2022 年 4 月到 8 月的 K 线图。

浪潮软件在 2022 年 4 月底到 6 月初期间的上涨很显然是一次反弹，毕竟 60 日均线在整个反弹期间都保持着下行状态。不过由于其涨幅较大，还是能够为投资者带来不错的收益。

但需要注意的是，很多在长期下跌行情中形成的强势反弹都会在突破 60 日均线后不久产生变盘。因此，当发现浪潮软件的股价在 60 日均线上方横盘滞涨时，就要特别注意盘中是否有反转信号出现。

先来看最容易产生异动的成交量。在股价突破 60 日均线的同时，成交量配合放量，表现正常。但当股价回落到 60 日均线附近再度上冲并创出新高时，成交量放量的幅度却远低于前期，呈现出量缩价涨的背离。

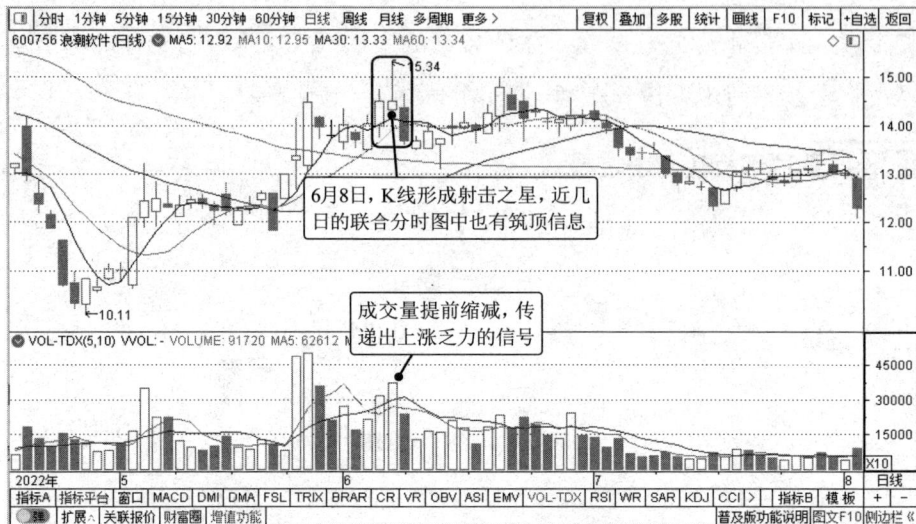

图 3-5　浪潮软件 2022 年 4 月到 8 月的 K 线图

这种背离往往意味着市场推动力不足，股价的上涨可能无法维持太长时间。结合之前对反弹高度的推断来看，确实存在反转的危险。

除此之外，在 6 月 8 日，K 线还收出一根带有长上影线的小实体阳线，上影线长度明显超越了实体的两倍，可见是射击之星形态。而在分时走势中，也有特殊筑顶形态出现，下面来进行深入分析。

图 3-6 为浪潮软件 2022 年 6 月 7 日到 9 日的分时图。

6 月 7 日，股价还在积极上升，盘中成交量多次集中放量推动，使得股价线呈阶梯式拉升，非常具有看涨迷惑性。

然而到了 6 月 8 日，股价只在开盘后半个小时内有过快速上冲，后续接触到 15.28 元价位线后就回落了。并且仔细观察当日走势可以发现，股价线形成了一个头肩顶筑顶形态，释放出反转信号。

6 月 9 日股价继续下跌，这时候将周期拉长观察，不难看出这三日的联合分时走势又构筑出了一个大的头肩顶。这是一种比较罕见的嵌套情况，因此，其传递出的卖出信号也是非常强烈的。

结合外部的射击之星 K 线形态、量缩价涨的背离来看，该股就此回归下跌的可能性很大，谨慎型投资者最好卖出观望。

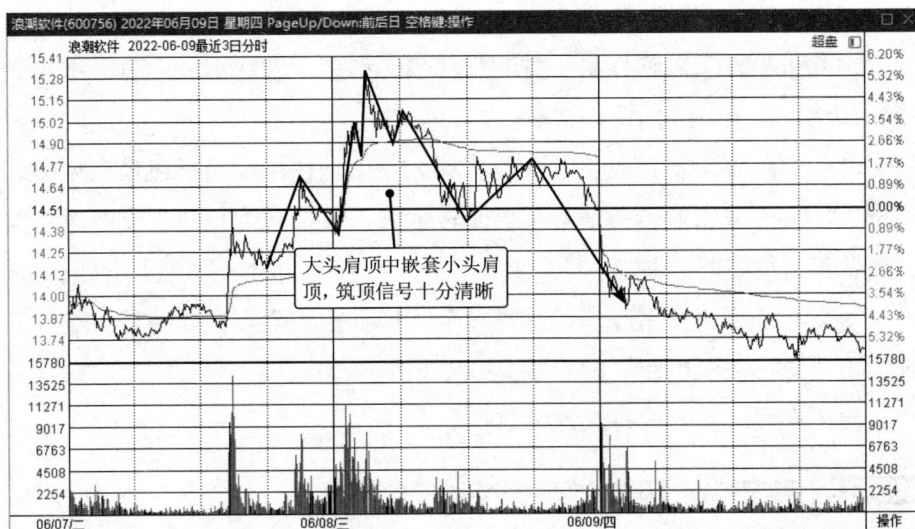

图 3-6　浪潮软件 2022 年 6 月 7 日到 9 日的分时图

K 线图中后续的走势也比较符合投资者的推测，该股虽并未在此后立即转入下跌，甚至还有过一次反弹，但最终也没能突破前期高点，很快便回落并彻底跌破 30 日均线，进入下跌行情之中。

3.1.3　一字跌停

一字跌停的形态非常简单，就是一根类似"一"字的跌停 K 线，如图 3-7 所示。

技术图示 下跌过程中的一字跌停

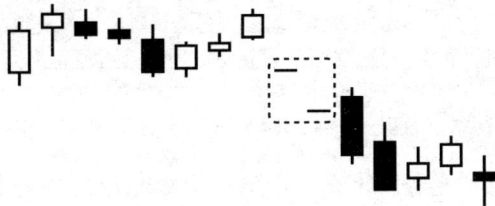

图 3-7　形态示意图

一字跌停的形成原因是股价当日的开盘价、收盘价、最高价和最低价一致，都是跌停价。也就是说，个股当日直接以跌停开盘，盘中持续封板运行，直到收盘都没有打开过。

由此可见，一字跌停是一种非常消极的形态，意味着场内有大量卖盘堆积在跌停价上，逃离情绪浓厚。

若一字跌停出现在股价的高位，那么无论是在见顶当日还是在见顶之后形成，形态发出的转势信号都会比较强烈，后期转为急速下跌的风险性很大，甚至可能连续跌停。

对于谨慎型投资者来说，这是一个不折不扣的卖点，即便是风险承受能力不错的投资者也要考虑避开这一波下跌。

接下来通过实例进行深入学习。

实例分析 **西宁特钢（600117）一字跌停预示卖出**

图 3-8 为西宁特钢 2024 年 1 月到 5 月的 K 线图。

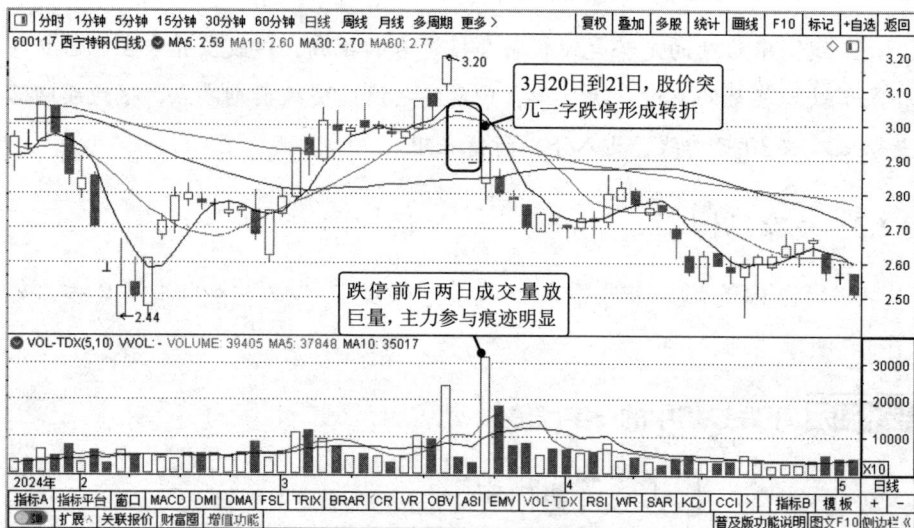

图 3-8　西宁特钢 2024 年 1 月到 5 月的 K 线图

西宁特钢的前期走势与上面一个案例十分相似，都是在经历一波下跌后反弹向上，并成功突破了两条中长期均线。这样的走势永远不乏积极抢反弹的买盘，即便是主力也有可能参与其中。

3 月上旬，股价突破 60 日均线后于 3.00 元价位线上受阻并横盘，期间 K 线实体都比较小。

3 月中旬，该股在成交量放量的推动下收出了一根长实体阳线向上突破到关键压力线之上，巧妙地与前期突破 60 日均线的阳线和横盘的小 K 线结合构成了上档盘旋的形态。

在 60 日均线上方形成这样的积极看涨形态，确实吸引了不少买盘跟进，而且该股还在两日后快速涨停，看似是开启下一波积极拉升的信号，但投资者只要多观察一个交易日就会发现，价格次日直接以跌停开盘，且盘中没有开板，导致大量筹码被套。

图 3-9 为西宁特钢 2024 年 3 月 19 日到 22 日的分时图。

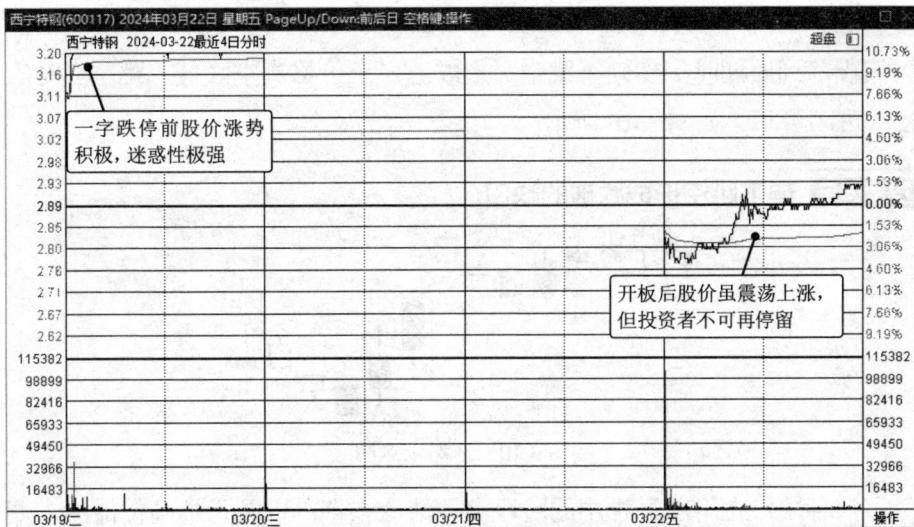

图 3-9　西宁特钢 2024 年 3 月 19 日到 22 日的分时图

从图 3-9 中可以看到，在 3 月 19 日，股价线开盘后就以直线冲上了涨停板，下午时段还有过两次 V 字开板，怎么看都是拉升预示信号。

然而次日的突兀跌停显然说明事实并非如此，场内必定有主力在参与交易，其目的不是借助此次反弹的机会诱多出货，就是在拉升过程中以一字跌停的激烈方式震仓。

无论是出于何种猜测，投资者都需要先行撤离，但一字跌停期间挂卖单交易很困难，大部分投资者是出不去的，只能等待开板时机的到来。

可惜的是次日依旧是一字跌停，直到 3 月 22 日股价才开板。开盘的同时，成交量放出巨大量能，可见有多少交易在进行。经历两次跌停带来的损失后，即便股价短时间内能继续上升，投资者还是需要先卖出观望一段时间，避免陷入主力的又一个诱多陷阱中。

从后续的走势来看，该股确实在持续下跌，在 4 月初形成的小幅反弹也没能越过中长期均线的压制，说明前面的涨停和异常暴跌大概率是主力借高出货造成的。那么已经卖出的投资者可以暂时放弃该股，还在场内的投资者则要抓紧时间止损。

3.1.4 交易密集区缺口线

这里所介绍的交易密集区缺口线是向下的缺口，即股价在某一横盘区间震荡到后期时突然向下跳空，形成的一个价格真空区域，跳空当时的 K 线可阴可阳，如图 3-10 所示。

技术图示 向下跳空形成跌破的缺口

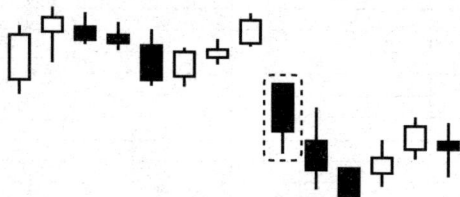

图 3-10　形态示意图

这种缺口在上涨过程中的阶段高位滞涨末期，以及行情高位滞涨末期比较常见，通常意味着市场进行了一段时间的角逐后选择向下运行，后市将面临幅度不一的下跌。

注意，K 线在横盘后期跳空向下产生的真空区域越大，后市下跌的可能性也越大，投资者要注意选择离场时机。

接下来通过实例进行深入学习。

实例分析 紫天科技（300280）交易密集区缺口线实战

图 3-11 为紫天科技 2024 年 1 月到 5 月的 K 线图。

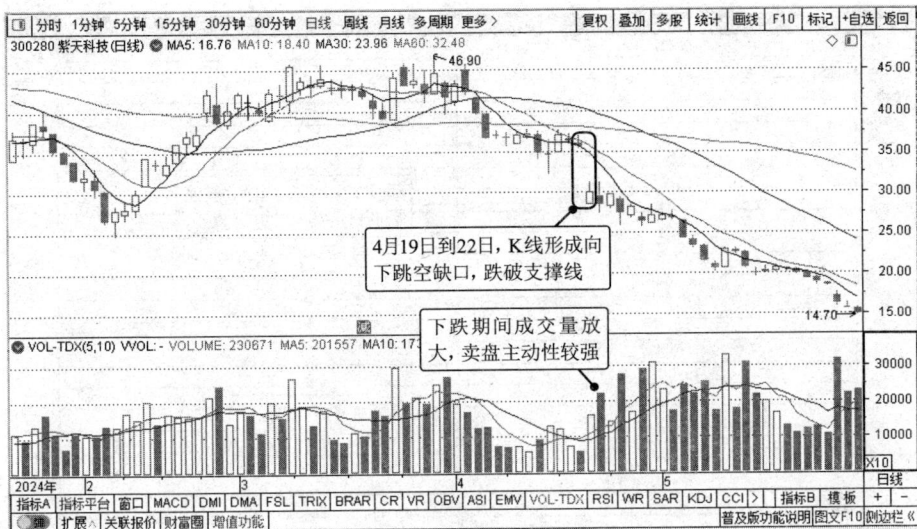

图 3-11 紫天科技 2024 年 1 月到 5 月的 K 线图

观察紫天科技的这段走势，可以看出市场行情处于熊市，中长期均线长期对 K 线保持压制。那么当股价反弹时，参与其中的投资者就要更加谨慎，同时要学会利用特殊 K 线形态抓住卖点。

2024 年 2 月底，股价上涨至 60 日均线上方后明显减缓涨速开始横盘，期间多次向上试探 45.00 元价位线但都突破失败，说明这是一条关键压力线，若该股不能越过其限制，这一波反弹可能也就到此为止。

在经历一个月的震荡后，也就是 4 月初，股价连续收出三根阴线向下跌破中长期均线，说明反弹大概率已经结束。不过此后股价并未继续下跌，而是沿着 60 日均线的走平趋势而横盘小幅波动，35.00 元价位线对其构成支撑，该股仍有反弹机会。

然而，4 月 22 日突兀向下跳空开盘的走势打破了这一可能性，价格直接从 35.00 元价位线上落到 30.00 元价位线附近，跌幅极大，但令人惊奇的是两日的分时走势并没有太多震荡。

图 3-12 为紫天科技 2024 年 4 月 19 日到 22 日的分时图。

从图 3-12 中可以看到，该股在 4 月 19 日横盘期间的走势和 4 月 22 日向下跳空时的走势非常相似，都是在开盘后长期围绕均价线横盘震荡。二者最大的区别就是 4 月 22 日开盘后形成的天量量柱，这是主力参与的有力证明。

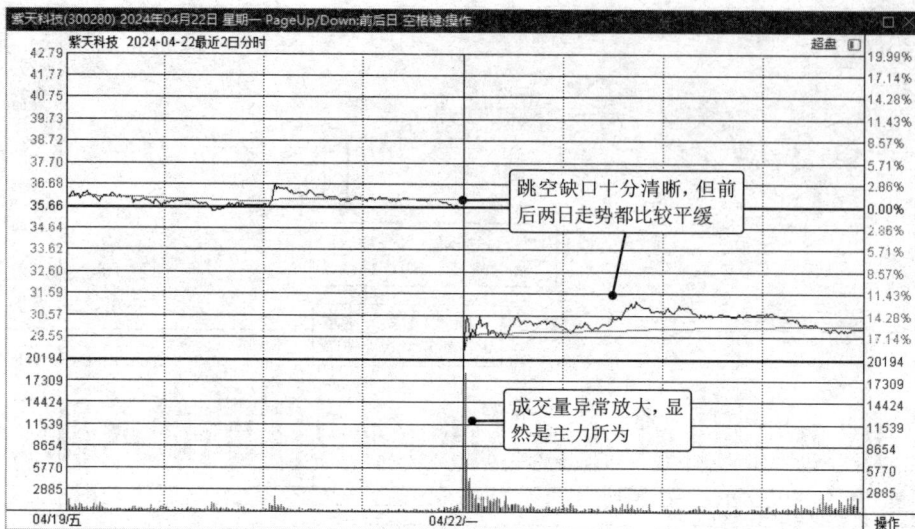

图 3-12　紫天科技 2024 年 4 月 19 日到 22 日的分时图

既然如此，结合前期多项分析结果来看，该股后续下跌的可能性就更大了，还未撤离的投资者可能会遭受较大损失，但也只能尽快止损。

3.2　多 K 线构筑特殊看跌形态

多 K 线构筑出的特殊看跌形态相较于单根看跌 K 线来说更加少见，但也更加可靠。这些 K 线形态通常需要满足一定的条件才能发挥作用，所以投资者需要充分熟悉其结构和应用场景，下面就来逐一介绍。

3.2.1　平 顶 线

平顶线是指在股价上涨到高位后，两个交易日的最高点处于相同或相近位置的特殊反转形态，如图 3-13 所示。

因为两根 K 线的高点完全一致的情况并不多见，所以，在实战中只要它们的高点相距不远，都可以将其当作平顶线。

它所代表的含义是股价在盘中两次探顶，但都没能越过关键压力线。若 K 线或其他技术指标在此前还形成过其他看跌信号，后续又接连收阴，个股转入下跌的可能性就比较大了。

技术图示 筑顶平顶线形态

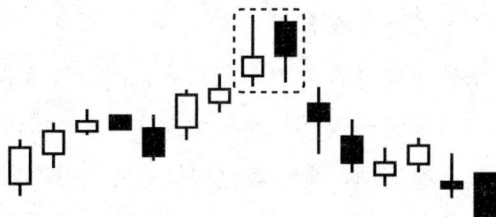

图 3-13 形态示意图

接下来通过实例进行深入学习。

实例分析 回盛生物（300871）平顶线预示多次探顶

图 3-14 为回盛生物 2024 年 2 月到 7 月的 K 线图。

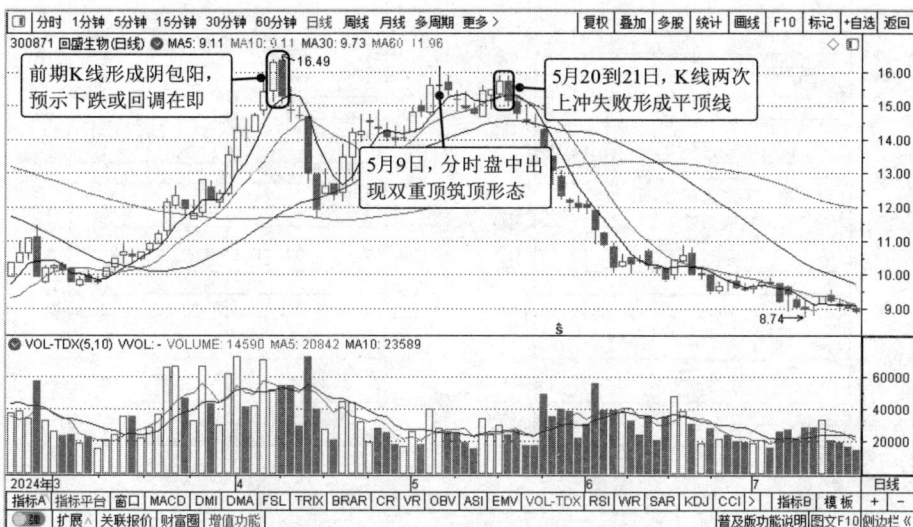

图 3-14 回盛生物 2024 年 2 月到 7 月的 K 线图

先来看回盛生物前期的股价表现，在 2024 年 3 月，该股已经结束上一段下跌转而形成了一波强势上涨，K 线连续收阳并很快相继突破两条中长期均线，而且在后续也保持着稳定上升，看涨信号明显。

不过从成交量在股价上涨过程中整体走平的表现来看，市场有些虚浮，下方支撑力不充足，股价随时可能产生回调或下跌，投资者要谨慎持股。

4 月初，K 线突兀收出了一根长实体阴线，并且连带着上下影线一起包裹了前一根阳线，形成阴包阳形态。结合前期推断，这应当是股价即将反转的标志，谨慎型投资者可先行撤离。

数日之后股价快速下跌并靠近中长期均线，好在并未彻底跌破，而是在其上方得到支撑后重拾升势。但下方成交量却没有给予充分支撑，此次是无量上涨，高点很可能不及前期，重新建仓的投资者要特别注意。

5月9日，股价在上涨到16.00元价位线附近时收出一根十字星线，次日就拐头下跌了，这往往代表着转折或是回调的来临。除此之外，当日的分时走势也有特殊形态出现。

图3-15为回盛生物2024年5月9日，以及5月20到21日的分时图。

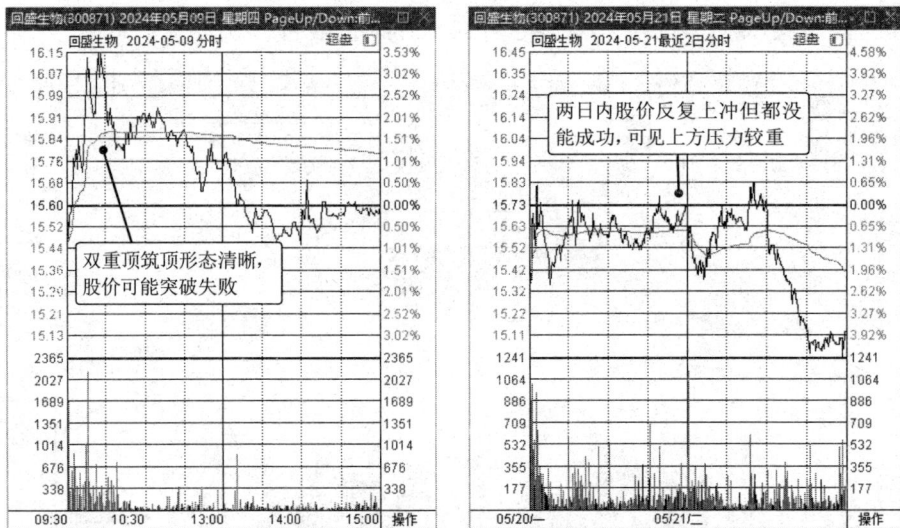

图3-15　回盛生物关键交易日的分时图

如图3-15（左）所示，是十字星线当日的股价线走势，从分时图中可以很清晰地观察到早盘期间的一个双重顶形态，后续股价更是快速下跌收盘。在如此特殊的K线形态内部及关键压力线附近出现的分时筑顶形态，无疑加强了下跌信号的可靠度，投资者此时还是应以卖出为佳。

回到K线图中继续观察可以看到，该股在此之后回调数日，但很快便继续上涨。不过此次股价也没能越过16.00元价位线，反而是在5月20日和21日于相近的位置触顶，形成一组平顶线。

下面来看平顶线内部的情况。如图 3-15（右）所示，股价其实在这两日内不止一次向上试探关键压力线，但经过多次失败后才最终转向下跌。

投资者可以理解为多方试图突破但无奈失败，也可以看作是主力在刻意维持高位震荡，吸引散户入场。无论是何种情况导致的，股价后续拐头下跌的概率都极大，不想高位被套的投资者还是要及时卖出，即便判断失误也可以在后续重新建仓。

3.2.2　三只乌鸦

三只乌鸦顾名思义就是由三根连续下跌的阴线构成，每一根阴线的收盘价都要不断下移，开盘价也需要处于前一根阴线的实体内部或是附近的位置，如图 3-16 所示。

技术图示　三只乌鸦下跌形态

图 3-16　形态示意图

三只乌鸦形态对于实体长度没有过多要求，但阴线实体越长，形态就越标准。该形态在实战中比较常见，但当其出现在股价高位时，参考价值会提高不少，能够帮助投资者很好地止损。

接下来通过实例进行深入学习。

实例分析　思林杰（688115）顶部反转后的三只乌鸦

图 3-17 为思林杰 2023 年 10 月到 2024 年 1 月的 K 线图。

在思林杰的这段走势中，股价于 2023 年 10 月底到 11 月中旬形成了积极的上涨，并且在成功越过中长期均线的压制后还加快了涨速，盘中量能放大支撑，说明市场追涨热度有所提高。

不过根据放量推涨之后回调期间成交量的表现来看，市场卖盘释放的抛压也是比较大的，其中不乏主力的震仓或出货卖单，投资者需谨慎对待。

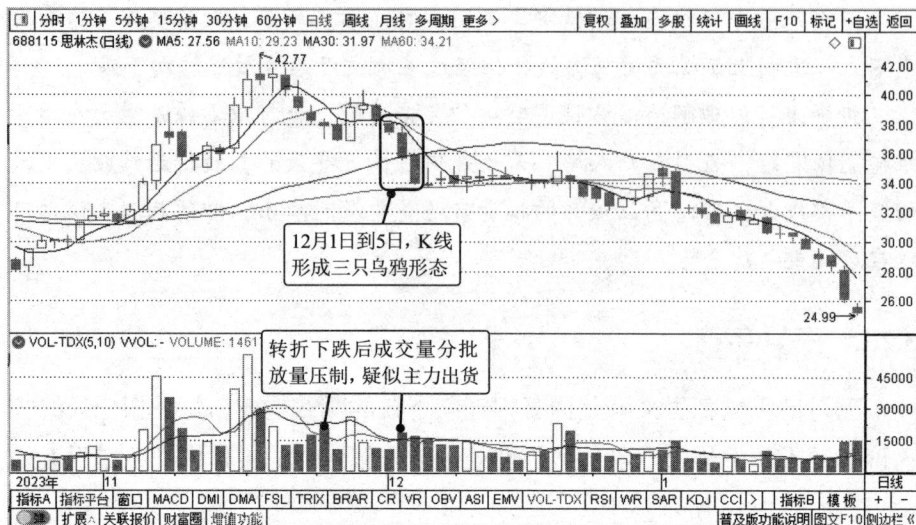

图 3-17　思林杰 2023 年 10 月到 2024 年 1 月的 K 线图

11 月中旬，该股回调结束继续上冲，成交量放出比之前更大的量能进行推动，将价格推上了 40.00 元价位线，短时间内涨幅可观。

然而在创出新高的当日，股价冲高回落导致收出带有长上影线的小阴线，后续便落在 40.00 元的支撑线上横盘震荡，可能预示着又一次回调的形成。这时候投资者要注意止盈出局，避开后市可能的下跌。

两日后 K 线开始连续收阴向下，一路跌落到 36.00 元价位线上方才止住，同时成交量放量，股价有再次上冲的迹象。但投资者仔细观察成交量的前期表现就可以发现，在股价持续下跌的过程中，成交量明显放量压制，说明是卖盘主动所为，放在这样的位置来看，有可能是主力在出货。

因此，投资者就不能轻易将后续股价的收阳上涨当作下一波拉升来临的标志，而是要保持观望，等待后续发展。

真实情况是股价在反弹两个交易日后就继续下跌了，K 线连续收出的阴线还在跌破 30 日均线的同时构筑出三只乌鸦的看跌形态。而且成交量再度放大，进一步证实了主力正在出货，后市即将转入长期下跌的消极推测。

下面来看这几日的分时走势。

图 3-18 为思林杰 2023 年 12 月 1 日到 5 日的分时图。

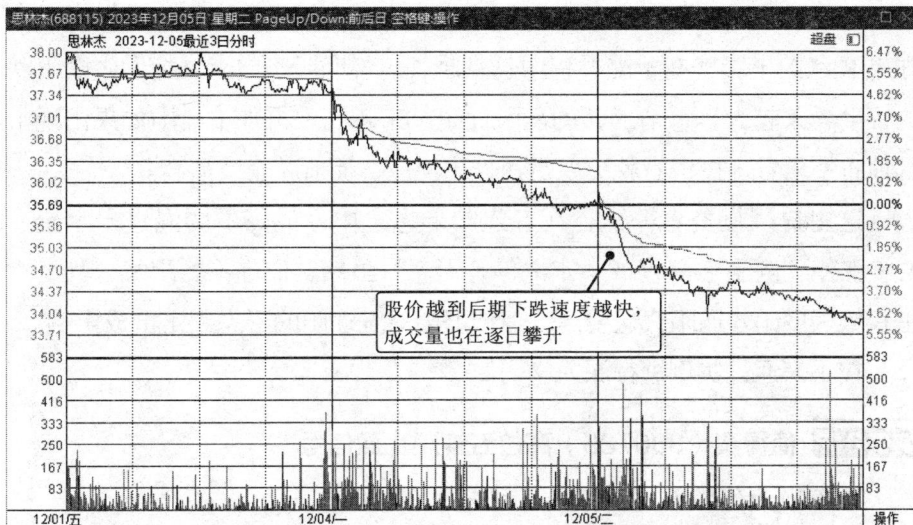

图 3-18　思林杰 2023 年 12 月 1 日到 5 日的分时图

12 月 1 日到 5 日正是三只乌鸦形成的交易日，这三日的分时走势十分清晰地展示了股价靠近 30 日均线时越来越快的下跌速度，到了 12 月 5 日甚至是跳水下跌的，可见市场卖方的急切。因此，前期被套的投资者就更需要及时卖出止损。

3.2.3　高位五连阳

高位五连阳和前面介绍过的低位五连阳在技术形态上是一致的，只是形成位置的不同影响了它们的预示意义。高位五连阳指的是在股价上涨到一定程度后再次连续收出五根上升阳线的走势，如图 3-19 所示。

技术图示　临近顶部的高位五连阳

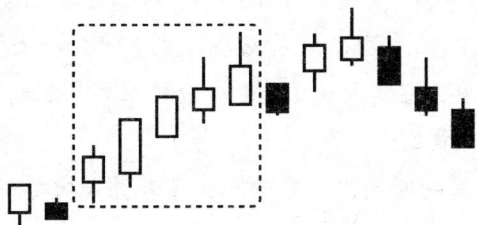

图 3-19　形态示意图

　　与低位五连阳不同的是，高位五连阳虽然短期看涨，但从长期来看，如果K线的上影线在上涨过程中越来越长，说明股价向上试探后失败下跌的幅度越来越大，行情反转的危险性也越来越高。再加上盘中如果出现了其他看空信号，投资者就更要迅速作出反应，提前减仓或清仓。

　　这里提醒投资者一点，在五连阳形态之中，最好不要混进十字星、T字涨停、倒T字涨停或一字涨停等形态。虽然它们都不算阴线，甚至看涨积极程度比普通阳线还要高，但依旧会对五连阳的形态判定造成影响。

　　接下来通过实例进行深入学习。

实例分析 值得买（300785）高位五连阳止盈信号

　　图3-20为值得买2024年1月到5月的K线图。

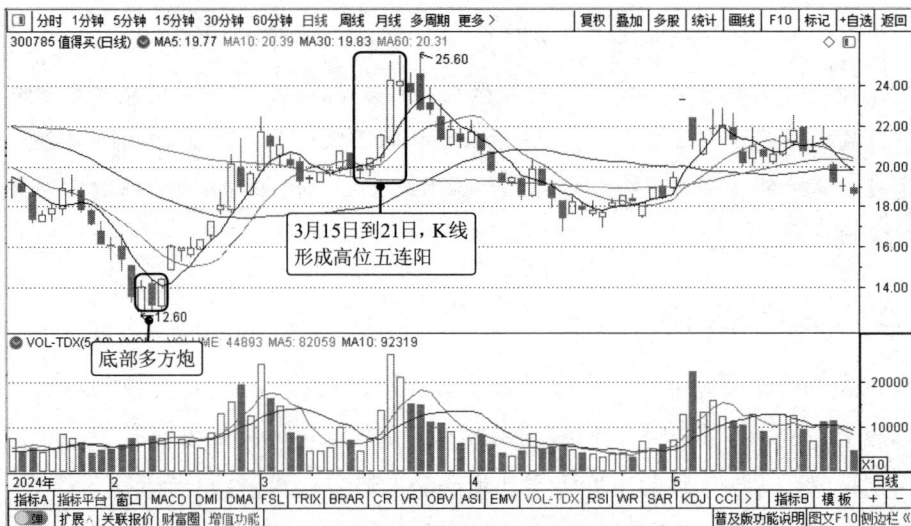

图3-20　值得买2024年1月到5月的K线图

　　先来看该股前期的表现，股价在下跌到12.60元的位置触底后开始反转，在筑底的过程中，K线形成了一个十分标准的多方炮形态，这就是对投资者及时跟进建仓的提醒。

　　在后续半个多月的时间内，股价积极上升并成功越过30日均线，在突破60日均线时稍显迟滞，但依旧在3月初成功突破了。此后股价小幅回落，踩在该关键支撑线上反复震荡。

　　既然股价没有跌破 60 日均线，就说明后续应当还有上涨潜力，至于上涨的幅度有多大，可能就要看成交量是否能够给予充分支撑了。

　　3 月中旬，成交量开始逐步放量推涨，K 线连续收阳上升，在 3 月 20 日以一根实体超长的阳线突破了前期高点，当日量能也达到近期峰值。但次日股价就明显走平，且 K 线带有较长的上影线，成交量也有所回缩，说明遇到了强大的压力，下面来看这几日的分时走势。

　　图 3-21 为值得买 2024 年 3 月 15 日到 22 日的分时图。

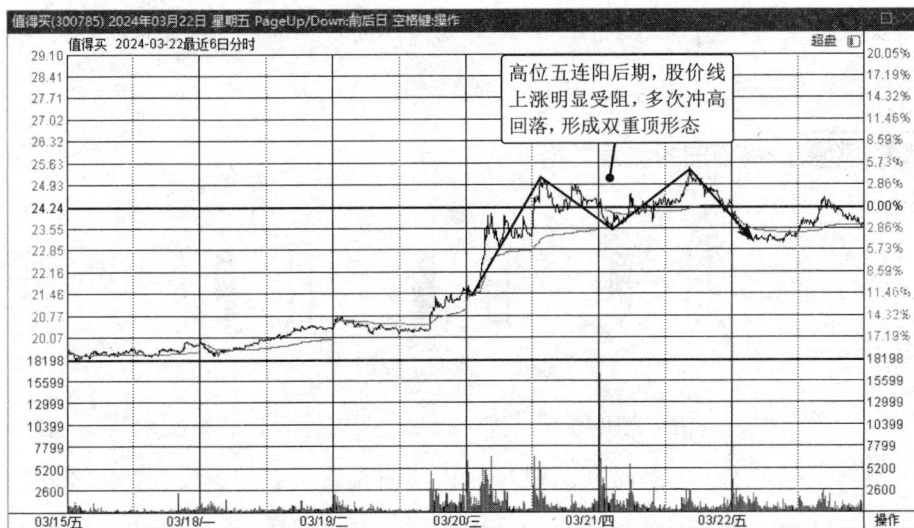

图 3-21　值得买 2024 年 3 月 15 日到 22 日的分时图

　　图 3-21 为股价从连续上涨开始到收阴横盘的六个交易日。从分时图中可以看到，在前四日的走势中，股价涨速越来越快，在 3 月 20 日还出现了直线拉升，成交量明显放大，说明有市场多方在积极支撑。不过 3 月 20 日的后期股价冲高回落，高点在 24.93 元附近受阻。

　　3 月 21 日，股价在开盘后虽然依旧在震荡上涨，但涨速远不及前日，而且盘中同样出现冲高回落走势，高点与前日相近。结合 3 月 20 日的走势来看，这两日的分时股价线构筑出了一个双重顶形态。

　　再回到 K 线图中观察不难看出，该股在连续上涨的同时形成了五连阳形态。结合后面两根阳线带有的长上影线和分时图中的双重顶筑顶形态来看，这很有可能是一个高位五连阳。

换句话说，股价可能即将面临下跌，那么谨慎型投资者就有必要提前出局。当惜售型投资者发现股价收阴横盘两日后开始明显下跌，跌破 22.00 元价位线后依旧没能有效回升，反而继续下行时，也要尽快卖出止损。

3.2.4　黄昏之星

黄昏之星形态与早晨之星相对应，是由三根 K 线构成，第一根 K 线是继续上涨的大阳线，第二根是停顿涨势的小 K 线或是十字星线，第三根则是反转向下的大阴线。其中，小 K 线的实体需要与前后两根 K 线的实体形成跳空，如图 3-22 所示。

技术图示　价格顶部的黄昏之星

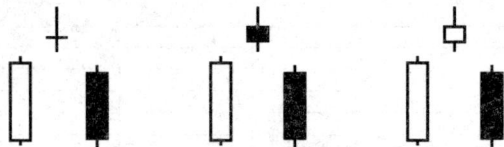

图 3-22　形态示意图

一般来说，黄昏之星的前后两根 K 线的实体越长，且长度越接近越好，但也不是绝对的，有些时候两根 K 线可能前长后短或前短后长，只要差距不算特别大，也依旧能够预示出反转信号，只是信号可靠度没有标准的黄昏之星那么强。

黄昏之星一般形成于阶段顶部或是行情顶部，是一种比较可靠的顶部反转形态。虽然不排除信号失真的可能，但投资者在遇到黄昏之星时，最好还是先行撤离以观望为佳。毕竟如果投资者判断失误，踏空了行情，也可以在后续的上涨过程中重新买入，但如果一直惜售不肯出局，当股价真的转向下跌，可能就会遭受一定的损失。

接下来通过实例进行深入学习。

实例分析　立霸股份（603519）阶段顶部黄昏之星看跌

图 3-23 为立霸股份 2023 年 7 月到 12 月的 K 线图。

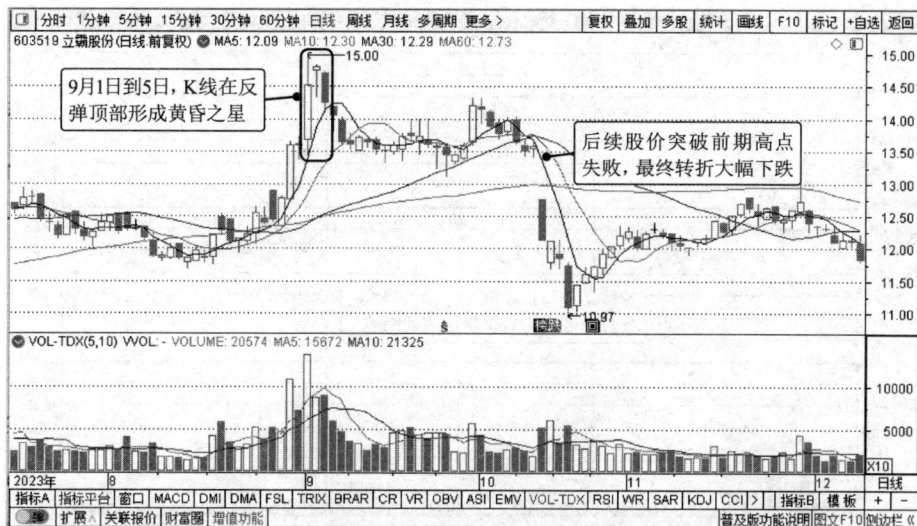

图 3-23 立霸股份 2023 年 7 月到 12 月的 K 线图

整体观察立霸股份的走势，投资者可以很清晰地看出该股只是在 2023 年 8 月中旬到 9 月初形成了一次阶段性的上涨而已。但当投资者真的身处其中分析买卖点时，可能无法直接判断出来，因此，需要借助 K 线形态进行分析。

先来看 8 月之前的走势，股价已经跌破 30 日均线，正在逐步下跌靠近 60 日均线。不过该股后续只是小幅跌破该支撑线，在 8 月中旬之后就回归了上涨，并在其上方站稳。与此同时，成交量开始放量形成支撑，投资者可尝试跟进建仓。

9 月 1 日，股价收出一根超长实体的阳线，成功向上突破了 14.50 元价位线，但阳线也带有较长的上影线，说明上方存在一定的压力。后面两个交易日的走势也不尽如人意，下面来看其分时图。

图 3-24 为立霸股份 2023 年 9 月 1 日到 5 日的分时图。

从分时走势中可以看到，该股在 9 月 1 日前期的上涨确实十分强劲，只不过后续冲高回落的走势也很清晰。

9 月 4 日，股价以稍高的价格开盘后长期横向震荡，虽然最终还是收出阳线，但涨幅极其微小。9 月 5 日的走势更是明显反转，股价直接跳空向下开盘后震荡下跌，最终以阴线报收。

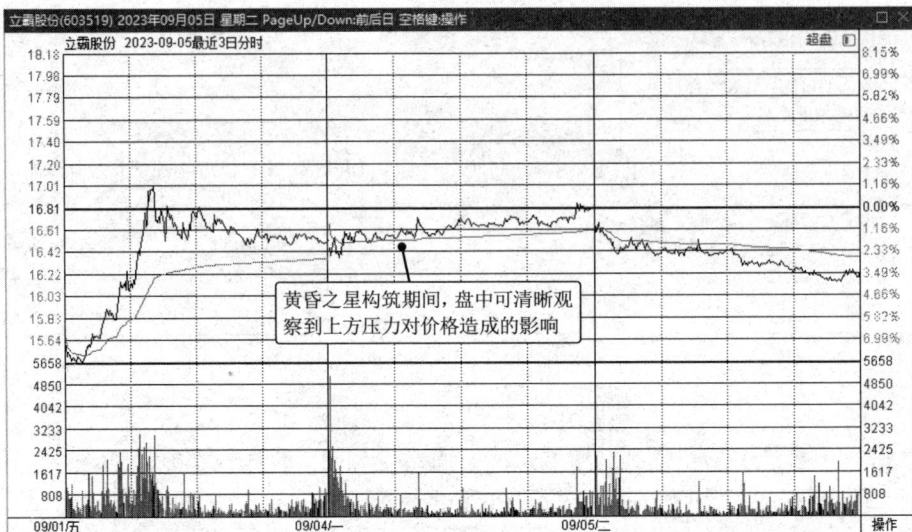

图 3-24　立霸股份 2023 年 9 月 1 日到 5 日的分时图

在分时图中，投资者能看出股价见顶转折的迹象，回到 K 线图中，自然也能观察到这三日的 K 线构筑出的一个黄昏之星形态。中间的小阳线实体相较于前后 K 线都有跳空，且前后 K 线实体都比较长，尽管长度存在一定差距，但也不影响黄昏之星的看跌信号。

因此，对于谨慎型投资者来说这就是一个明确的止盈卖点。惜售型投资者在发现股价落到 13.50 元价位线上止跌横盘时，也可以再等待一段时间，看是否有转机出现。

可惜的是，该股只是在 30 日均线的支撑形成了小幅的反弹，后续很快就彻底将其跌破，并在 10 月上旬形成了一个极大的跳空缺口。这一缺口正符合前面介绍过的交易密集区缺口形态，更加清晰地展示出市场的杀跌情绪，因此，投资者不能继续停留。

3.2.5　看跌吞没线

看跌吞没线其实就是股价以一根长实体阴线向前覆盖住数根小实体 K 线的形态，相较于看涨吞没线来说只有最后一根 K 线的阴阳之别，具体如图 3-25 所示。

预示下降的看跌吞没线

图 3-25　形态示意图

很显然，看跌吞没线常出现的位置是上涨行情阶段的顶部及下跌趋势之中。它往往是股价上涨见顶或是横盘到后期彻底转入下跌的标志，对于投资者来说是需要撤离的警告信号。

当然，看跌吞没线也可能存在信号失真的情况，但为了避免判断失误深度被套，投资者最好还是在大阴线出现后先行撤离观望。这种操作策略与遇到看涨吞没线是不一样的，投资者需要特别注意。

接下来通过实例进行深入学习。

万通发展（600246）看跌吞没线及时退出

图 3-26 为万通发展 2024 年 4 月到 8 月的 K 线图。

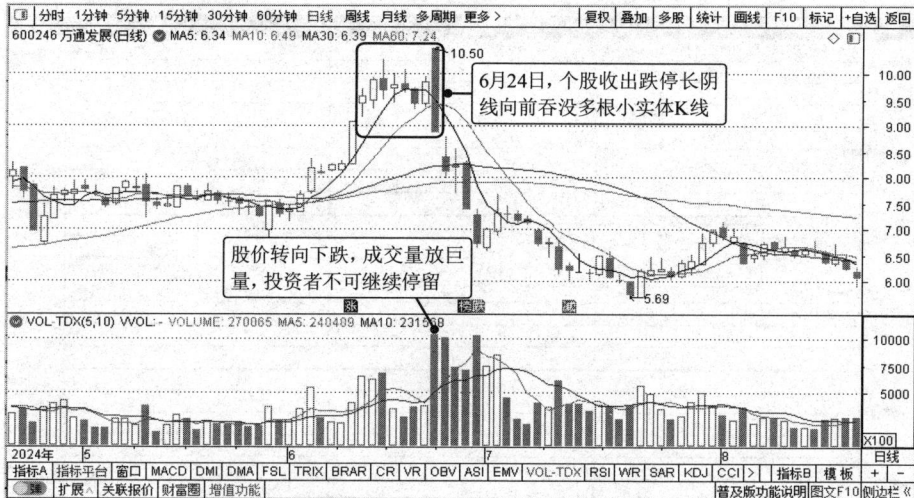

图 3-26　万通发展 2024 年 4 月到 8 月的 K 线图

2024 年 5 月，万通发展的股价正长期在 7.50 元价位线附近横向震荡，不过从 60 日均线的上扬表现来看，股价后续还是有可能转入上涨的，投资者可给予一定的关注。

5月底，随着60日均线的靠近，K线突然向下跳空开盘，低点已经跌破了支撑线，不过好在当日股价反转向上收阳，再次站在60日均线上，并开始下一波拉升。

在拉升过程中，该股其实在6月初形成了一个上档盘旋形态，证实前期看涨预测的同时吸引了大量散户挂单参与，使得成交量逐步攀升，市场积极性良好。

不过当价格上涨到10.00元价位线下方后，就受到明显阻碍，开始横向窄幅震荡，期间收出的K线阴阳交错，后市情况不明。这是由于股价上涨幅度不算大，投资者尚不能完全肯定后续是否会立即转入下跌，因此，可以先保持观望，等待变盘时机的出现。

变盘出现在6月24日，股价突然大幅向上跳空以高价开盘，但当日却收出一根实体巨大的阴线，直接向前覆盖了高位滞涨期间形成的所有K线，形成强势看跌吞没线形态。

下面来看看跌吞没线形成前后的分时走势差异。

图3-27为万通发展2024年6月21日到25日的分时图。

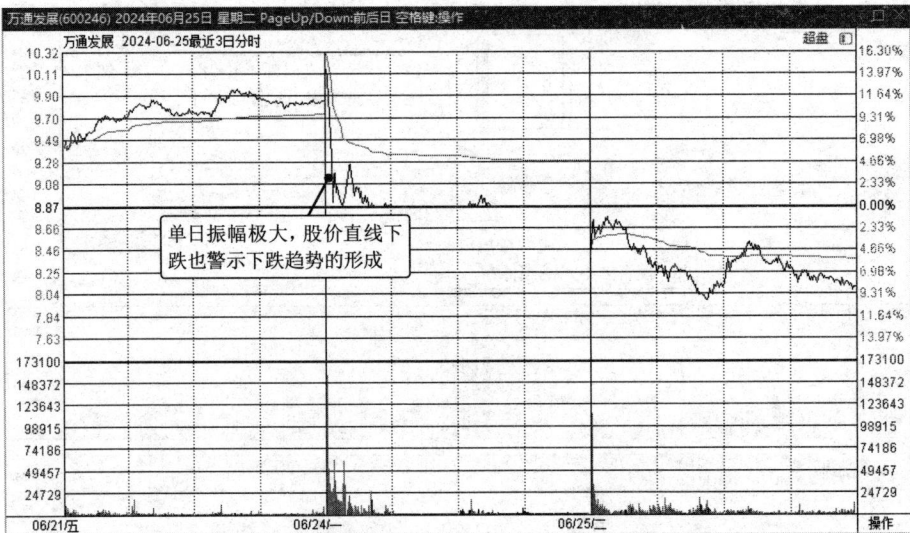

图3-27　万通发展2024年6月21日到25日的分时图

6月21日的股价仍处于高位滞涨，当日价格缓慢向上攀升收出小实体阳线，整体走势比较平缓，没有异常信号出现。

但在 6 月 24 日，股价几乎是在跳空向上开盘后就立即直线下跌，短短几分钟内的跌幅就超过了 15%，极为惊人。而且最后股价还落到了跌停板上封住，进而以光头光脚跌停大阴线报收。

观察前期下跌期间的成交量可以发现，开盘后第一分钟内的成交手数近 15 万，远远高于前几日震荡期间的成交量。

而且在 K 线图中，当日的量柱也有明显拉长，基本可以确定是主力在出货，毕竟很少有主力会通过如此激烈的方式震仓。因此，通过多方信息和 K 线特殊形态结合来看，股价后续转入下跌的可能性非常大。

6 月 25 日的震荡下跌走势证实了这一点，当日量能也不小，这时投资者就要及时醒悟过来，将收益兑现后留在场外观望。

3.2.6　乌云盖顶

乌云盖顶形态由前阳后阴的两根 K 线构成，阴线实体需要自上而下深入阳线实体内部一半以上，但也不能完全将阳线实体覆盖，否则就形成了看跌吞没线，如图 3-28 所示。

技术图示　顶部反转形成乌云盖顶

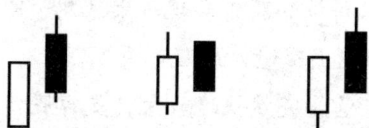

图 3-28　形态示意图

乌云盖顶中的第一根阳线代表着市场依旧在积极助推，而次日股价的高开也证实了这一点。但当日收阴下跌的走势则意味着市场推涨动能不足，卖盘开始发力压价，股价可能即将转入下跌。两根 K 线实体越长、影线越短，形态就越标准，释放出的卖出信号就越强烈。

其实还有一种顶部形态与乌云盖顶非常类似，即阴线处于阳线之下，二者实体依旧呈交错状态时，构筑出的就是倾盆大雨形态。

乌云盖顶和倾盆大雨的卖出信号基本一致，只是在阴阳线的上下位置关系上有所差别，投资者无论遇到哪种形态所采取的策略都是一样的。

接下来通过实例进行深入学习。

实例分析 恒银科技（603106）乌云盖顶看跌信号

图 3-29 为恒银科技 2023 年 7 月到 10 月的 K 线图。

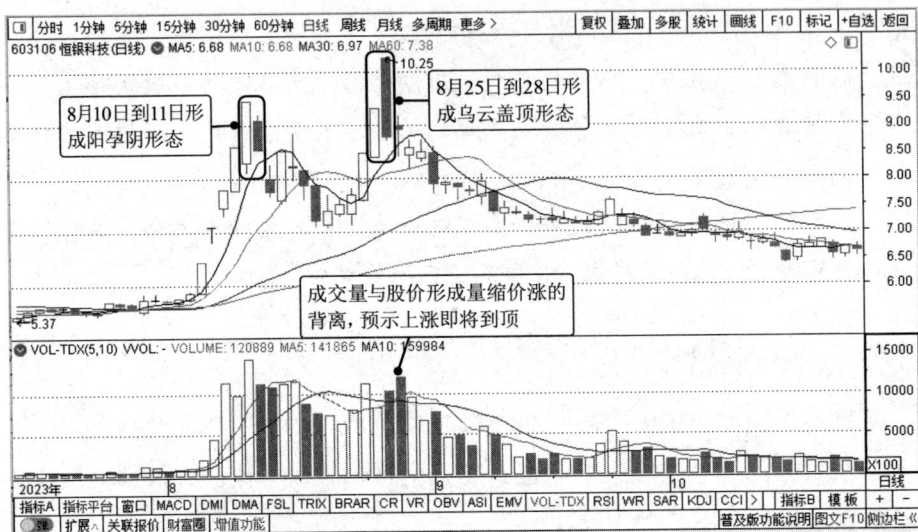

图 3-29　恒银科技 2023 年 7 月到 10 月的 K 线图

2023 年 7 月，恒银科技的股价表现不太理想，K 线只是在中长期均线上方缓慢上行，因此，场内成交量活跃度不算高。

进入 8 月后不久，量能突然快速放大，支撑股价急速上涨，短短数日后就从 6.00 元价位线下方冲上了 9.00 元价位线附近，涨幅约为 50%。然而短期急速上涨带来的可能是同样快速的回调，股价在 8 月 11 日的表现说明了这一推测的真实性，下面来看分时走势。

图 3-30 为恒银科技 2023 年 8 月 10 日到 11 日，以及 8 月 25 日到 28 日的分时图。

观察 8 月 10 日到 11 日的分时走势可以看到，该股在 8 月 10 日是以涨停收盘的，并且在临近涨停时被大量能直线推动上行，说明主力在介入，市场短期看涨，投资者可保持持有。

次日，该股的开盘价就有明显下跌，在经历一段时间的震荡后，股价线最终还是被压制向下，以跌停收盘。

　　这种前日涨停后日跌停的走势在前面的案例中出现过不少，大多数都是主力借高出货造成的，这里也不例外。因此，当投资者回到 K 线图中发现这两日的 K 线还形成了阳孕阴反转信号时，就有必要先行卖出兑利了。

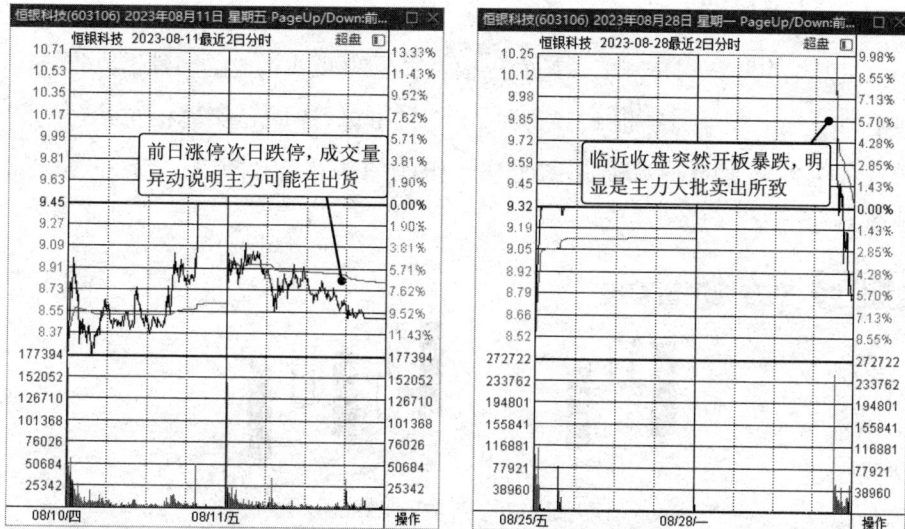

图 3-30　恒银科技关键交易日的分时图

　　下面继续来看后续的走势。该股在此之后确实出现了持续的下跌，不过低点在 7.00 元价位线上就得到支撑企稳，随后进入了下一波拉升。

　　这样看来，也许投资者对于前面主力出货的猜测是错误的，后续该股仍有上涨希望。但实际上投资者观察成交量就会发现，在股价二次上冲的过程中，量能放大幅度明显不及前期，呈现出量缩价涨的高位背离。

　　这是股价上涨乏力的证明，同时也意味着投资者的推测应当是准确的。不过由于价格尚未立即下跌，投资者还可以继续持有，但要谨慎行事。

　　8 月 28 日，股价跳空向上开盘后突然急速下跌，收出的一根超长阴线实体深入了前一根阳线实体内部，形成乌云盖顶的形态。而在分时图中，卖出信号更加明显。

　　来看 8 月 25 日到 28 日的分时走势，可以发现该股在 8 月 25 日一开盘就被直线推到了涨停板上，而 8 月 28 日股价也是以涨停开板的，只是在临近收盘时突然开板下跌，导致大量投资者挂在涨停板上的成交买单被套。

　　这次的下跌比 8 月上旬的更加极端，主力推高出货的意图也更加明显，再加上乌云盖顶形态的预示信息，一直在观望的投资者就可以快速清仓卖出，不要留恋后续可能的上涨，以免被套场内。

3.2.7 空方炮

空方炮也叫两阴夹一阳，是由三根及以上的K线构成的特殊看跌形态。其中，第一根和最后一根K线都是长实体阴线，中间是实体相对稍短的阳线，其实体的上下两端需要至少和一根阴线实体的上端或下端齐平，如图3-31所示。

技术图示 空方炮短暂整理

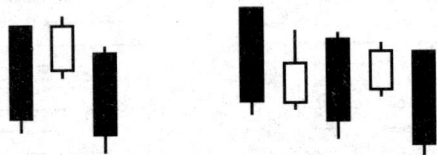

图 3-31　形态示意图

空方炮往往形成于下跌途中及转折的位置，传递出的是多方反抗无能，最终被空方压制向下运行的消极信号。当空方炮连续形成，股价震荡下跌时，形态的危险性将会得到进一步提高。

接下来通过实例进行深入学习。

实例分析 福石控股（300071）下跌过程中的空方炮

图3-32为福石控股2022年10月到2023年1月的K线图。

观察福石控股的这段走势，股价在2022年11月之前长期处于中长期均线的压制之下，K线实体偏小，没有太大的参与价值，投资者还是留在场外观望比较好。

11月上旬，随着成交量的逐步放量，股价成功突破60日均线后开始快速拉升，上涨数日后冲到了5.50元价位线上方，为及时跟进的投资者带来了丰厚的收益。

不过需要注意的是，该股在小幅突破5.50元价位线的同时也出现了明显的冲高回落走势，说明上方可能存在较大的抛压。在价格停滞的情况下，市场获利盘和主力一旦出货，带来的损失会比较大。

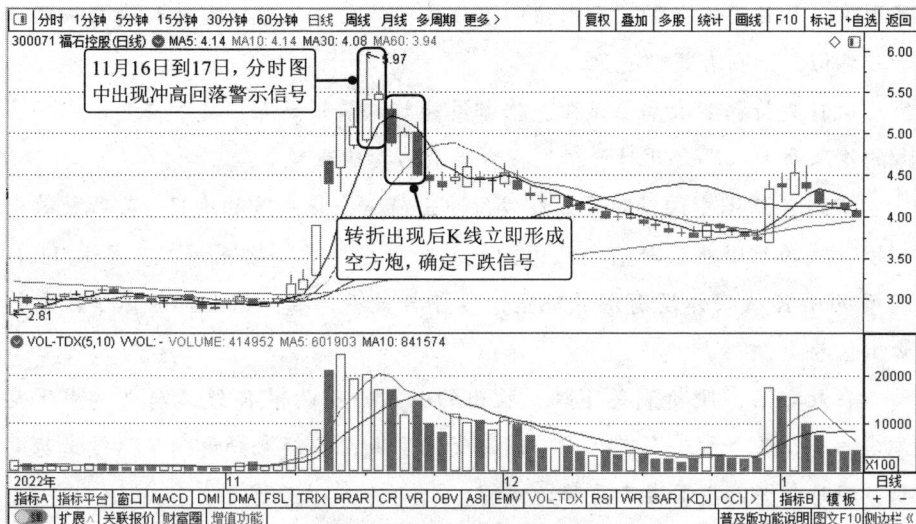

图 3-32　福石控股 2022 年 10 月到 2023 年 1 月的 K 线图

下面来看股价顶部几个关键交易日的分时走势。

图 3-33 为福石控股 2022 年 11 月 16 日到 17 日的分时图。

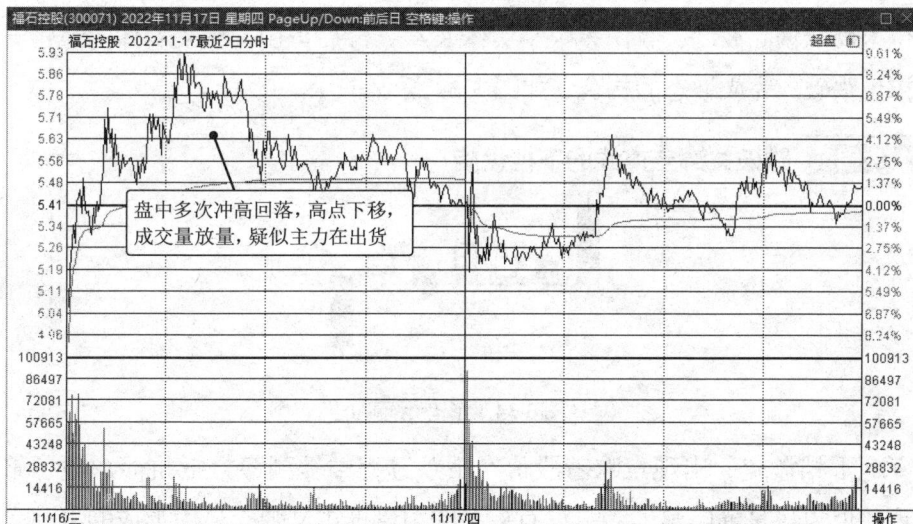

图 3-33　福石控股 2022 年 11 月 16 日到 17 日的分时图

11 月 16 日，股价还在积极上涨，但从股价线的表现来看，价格始终在锯齿状的震荡中上行，而无法维持一段持续性的斜线上升，说明市场推涨稍显困难。而且股价在触顶后很快回落到均价线之下收盘，整体形态与头肩顶十分类似，说明有筑顶迹象。

次日股价也多次向上试探，但都没能越过前日高点，更加证实了市场多方的推涨乏力。那么此时谨慎型投资者最好卖出止盈。

回到K线图中继续观察。在股价冲击前期高点失败的次日，K线就收出一根下跌的长阴线，与前面两根阳线结合形成了黄昏之星形态。尽管11月17日的小K线实体没有形成跳空，黄昏之星不标准，但也释放出了强烈的卖出信号。

在此之后，股价震荡下跌，收出的一阳一阴两根K线又与之构成了空方炮形态。多个看跌形态在同一时期交错形成，已经充分说明了后续走势向弱，同时也警示投资者不要长久停留。

3.2.8　下档盘旋

下档盘旋一般是形成于下跌途中的看跌形态，它的研判关键在于前后两根长实体阴线。第一根阴线需要下跌到某一支撑位，随后股价在该支撑位上反复横向波动，收出多根小实体K线，最后再由一根长实体阴线将支撑位跌破，完成形态的构筑，如图3-34所示。

技术图示 跌破关键支撑线的下档盘旋

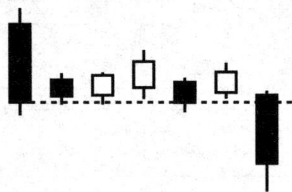

图3-34　形态示意图

下档盘旋的出现意味着股价在下跌过程中受到多方抵抗而形成了整理，但也只是横向整理，并没有更多的力量推进反弹，最后形成的下跌大阴线更是确定了下跌趋势的延续，对于投资者来说是一个非常明确的卖出信号。

接下来通过实例进行深入学习。

实例分析　葫芦娃（605199）下档盘旋预示下跌出现

图 3-35 为葫芦娃 2023 年 10 月到 2024 年 1 月的 K 线图。

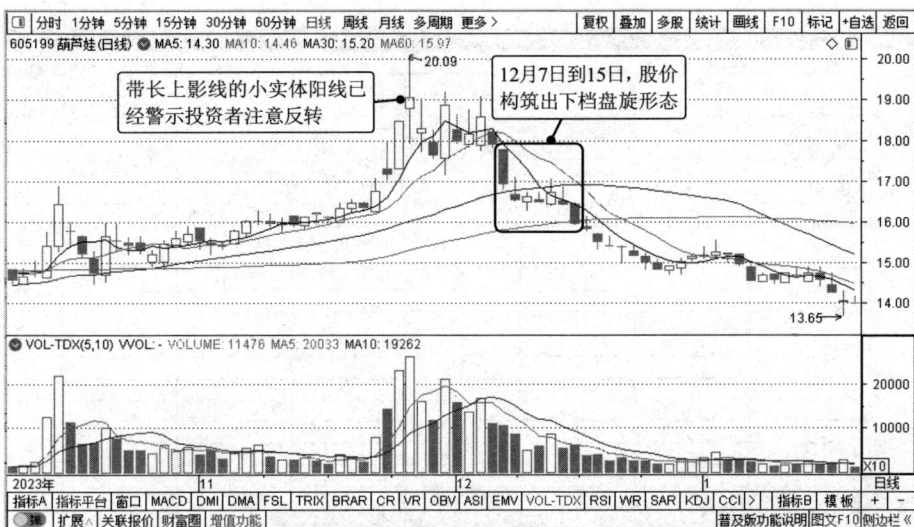

图 3-35　葫芦娃 2023 年 10 月到 2024 年 1 月的 K 线图

从图 3-35 中可以看到，该股正处于涨跌趋势转换的过程中，前期上涨期间 K 线震荡比较频繁，不过由于中长期均线的支撑性不错，股价的涨势也算稳定，因此，也有不少投资者参与。

11 月下旬，股价涨速明显加快，成交量也开始剧烈放量，这时候投资者就要注意主力是否有异动了，毕竟成交量表现证实其正在参与。

数日之后，股价成功越过前期高点后一度向上冲到了 20.09 元的位置，短期涨幅极大。但也正是在创新高的当日，K 线收出一根带有长影线的小实体阳线，放在这一位置是很危险的反转信号。

次日，股价的小幅下跌，后续又在横盘震荡过程中多次上冲，K 线基本都带有较长的上影线，这意味着上方存在较重压力，股价突破有困难。若后续成交量没有给予足够支撑，价格是有可能转入下跌的。

显然，成交量的表现不如人意，因此，股价下跌也在情理之中。12 月 7 日，股价大幅下跌接近 30 日均线，随后又在其下方横盘数日，但最终突破失败，又以一根长实体阴线下跌靠近60日均线。多日的K线结合来看，构成了下档盘旋形态。

下面来看具体的分时走势。

图3-36为葫芦娃2023年12月7日到15日的分时图。

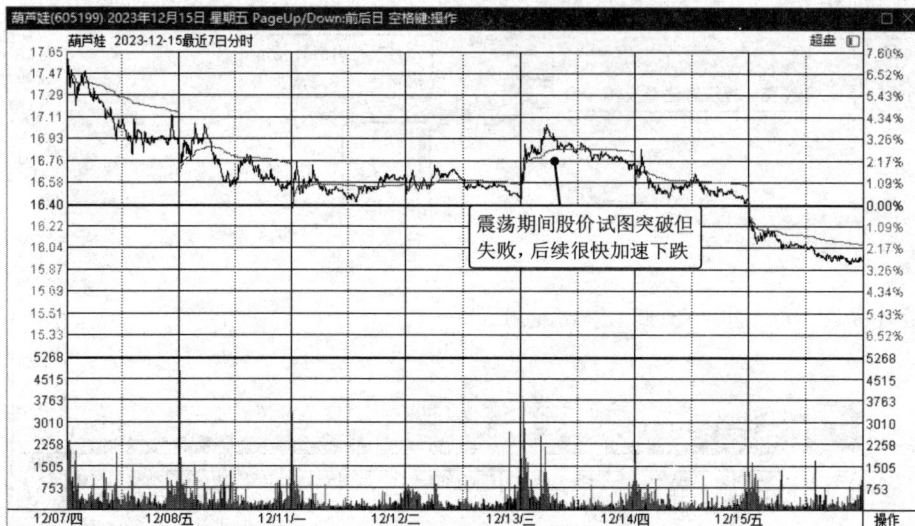

图3-36　葫芦娃2023年12月7日到15日的分时图

从下档盘旋期间的分时股价线走势可以看到，股价在横盘期间其实有过向30日均线冲击的走势，但很明显没能越过其压制，分时走势还出现了头肩顶筑顶形态。那么当股价再次加速向下时，投资者就需要迅速止损卖出，避开后市更大幅度的下跌。

第 4 章

中长期K线组合卖出形态

利用中长期K线组合卖出对投资者来说是很关键的一点，毕竟收益需要兑现才能落到自己口袋里。但如果没选对时机，或是惜售被套，那就功亏一篑了，如何科学定位适合自己的卖点是接下来投资者需要重点学习的内容。

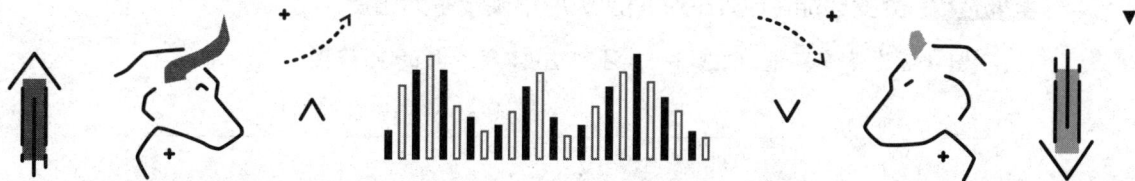

4.1 筑顶 K 线组合的卖出信号

在行情或阶段顶部出现的筑顶 K 线组合主要包括倒 V 形顶、双重顶、头肩顶和塔形顶等。这些顶部形态虽然在表现形式上有所不同，但传递出的信号都是一致的，投资者要做的就是熟悉它们的结构，根据不同的股价走势来定位卖点。

4.1.1 冲高回落倒 V 形顶

倒 V 形顶指的是股价在上涨的后期突然以较为陡峭的角度上升，价格达到某一高点后反转急速下跌，形成的一种如同倒转 "V" 字的顶部形态，也称作尖顶。其颈线位于前期加速上涨的初始位置，股价跌破颈线后形态才彻底成立，如图 4-1 所示。

技术图示 倒 V 形顶筑顶形态看跌

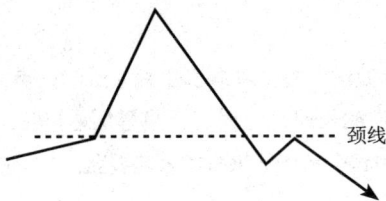

颈线

图 4-1　形态示意图

倒 V 形顶一般出现在行情的顶部，属于一种比较剧烈的反转形态，说明主力可能正在通过快速拉高股价来扩大获利空间，同时吸引场外买盘进入，待到股价上涨无力后立刻大批量卖出，导致股价快速下跌。

倒 V 形顶的形成通常会比较突兀和急切，惜售型投资者稍有犹豫或是没注意到，股价就会快速下滑一大截。这样的损失对于短线投资者来说很大，连很多中长线投资者也承受不起。因此，投资者在意识到倒 V 形顶出现后，越早出局越好。

接下来通过实例进行深入学习。

实例分析 潞安环能（601699）倒 V 形顶预示主力出货

图 4-2 为潞安环能 2023 年 12 月到 2024 年 6 月的 K 线图。

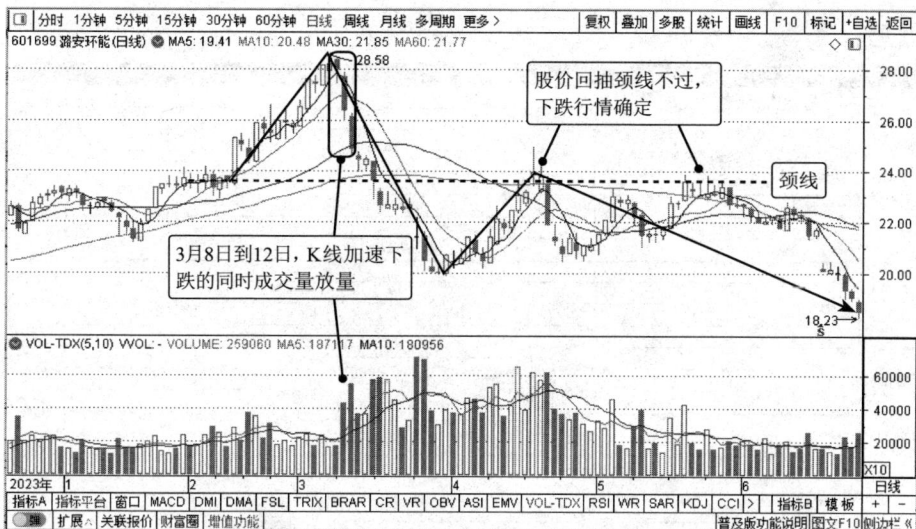

图 4-2 潞安环能 2023 年 12 月到 2024 年 6 月的 K 线图

观察潞安环能的这段走势，股价在 2024 年 2 月中旬之前已经进入了上涨走势中，只是涨速不快，因 24.00 元价位线的限制而多次震荡。

不过在 2 月中旬，该股以一根长实体阳线强势向上突破该压力线，并开启了一波迅猛拉升。短短半个多月时间内，股价就从 24.00 元价位线附近攀升至最高 28.58 元，对比以往的涨速来说已经是明显加快了，因此，场内不乏积极跟进的买单。

然而在进入 3 月后不久，K 线就在成交量的突兀放量压制下收出连续三根阴线，形成短期跳水大跌，短时间内吞噬了前期近半个月的上涨。很明显，如此急切的下跌大概率是主力造成的，下面通过这几日的分时走势进一步确认其意图。

图 4-3 为潞安环能 2024 年 3 月 8 日到 12 日的分时图。

在 3 月 8 日，股价仍在高位震荡，开盘后只进行了一次不算危险的下跌，后续就回归到均价线上方，并未表现得太过异常。

然而在次日，也就是 3 月 11 日，股价开盘后的跌速就加快了不少，并且盘中成交量开始放大，一波一波压制价格下跌，使其最终收出一根长实体阴线，这时候投资者就应当警惕起来了。

3 月 12 日的下跌更加明显，开盘后成交量剧烈放大压制价格斜线下滑，短期跌幅近5%，充分说明主力的出货意图。

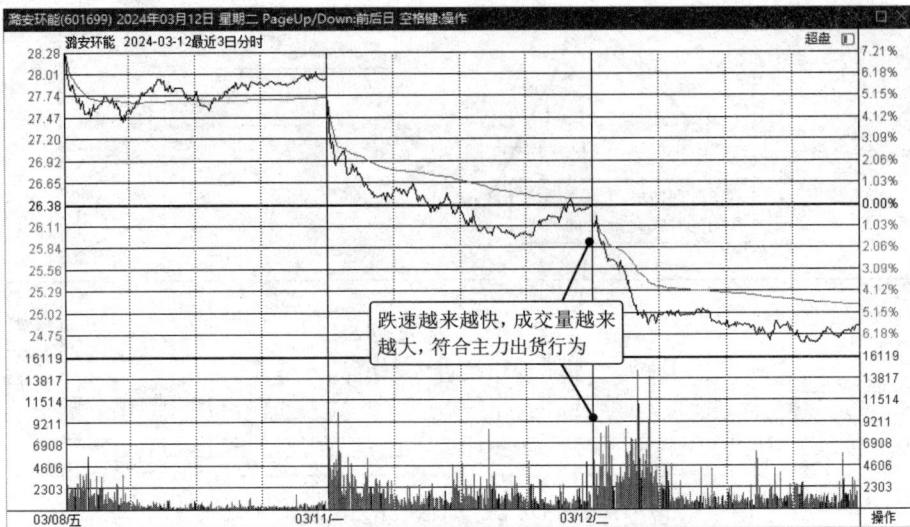

图4-3　潞安环能2024年3月8日到12日的分时图

结合外部K线走势来看，一个倒V形顶即将成型，接收到这些信息的投资者就要尽快作出卖出决策，不能犹豫，否则可能深度被套。

从K线图后续的走势中也可以看到，该股此后不久就彻底跌破倒V形顶的颈线和两条中长期均线，宣告看跌信号的成型。而且此后股价一路下滑至20.00元价位线上才止跌企稳，短期跌幅极大。

不过后续股价形成过好几次强势反弹，虽然高点都在倒V形顶的颈线附近受阻，但也为被套的投资者提供了一些不错的止损卖点。

场外的投资者就不要参与此次抢反弹了，毕竟下跌过程中持续放大的量能已经说明主力出货完毕，该股后市大概率会进入持续的下跌之中，投资价值大大下降，投资者可另寻他股操作。

4.1.2　二次冲高双重顶

双重顶指的是股价上涨至高点后出现回落，跌到某一支撑位后再度上涨，冲到前一高点附近再次被压制下跌的走势。如果股价第二次回落跌破了颈线，即第一次止跌的低点，则双重顶形成，如图4-4所示。

技术图示 双重顶形态筑顶预示

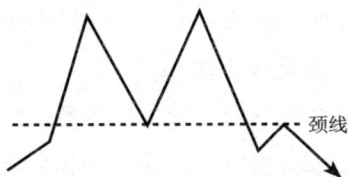

图 4-4　形态示意图

很多时候，在 K 线的双重顶形成前，成交量就会表现出异常。最明显的就是第二个峰顶形成时，成交量的量能往往难以越过前期高点，代表股价上涨乏力，即将下跌。

除此之外，在股价多次触顶的同时，一些单根或多根 K 线反转形态也可能出现，比如黄昏之星、平顶线等。此时，谨慎型投资者就可以提前出局，而惜售型投资者若要继续观望也可以，但待到股价跌破颈线后就应快速抛出。

接下来通过实例进行深入学习。

实例分析 铜陵有色（000630）双重顶多次探顶

图 4-5 为铜陵有色 2024 年 2 月到 7 月的 K 线图。

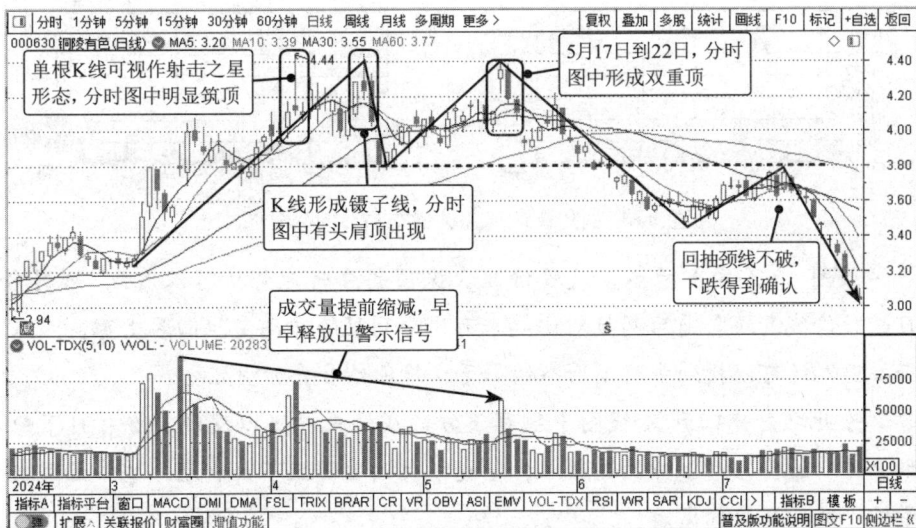

图 4-5　铜陵有色 2024 年 2 月到 7 月的 K 线图

在铜陵有色的这段走势中，股价的快速上涨从 2024 年 3 月上旬开始，成交量的突兀巨量使得价格实现短期大涨，两根大阳线从 3.30 元价位线附近跨越至 3.80 元价位线上，涨速极为惊人。

后续股价回调整理数日便继续上冲，经历多次震荡后终于来到了 4.20 元价位线附近，而且 K 线还在 4 月 8 日收出了一根带有极长上影线的小实体阴线，最高点已经达到了 4.44 元。

这看似是一次积极的上冲，但根据前面这么多案例积累的经验来看，这样近似于射击之星的探顶形态很有可能是主力拉升失败，股价即将反转下跌的警示信号，下面来看探顶关键交易日的分时走势。

图 4-6 为铜陵有色顶部关键交易日的分时图。

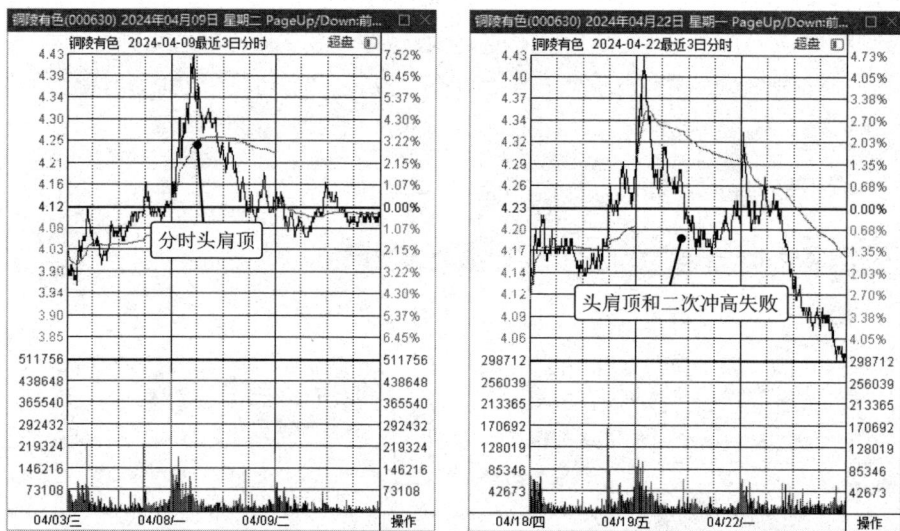

图 4-6　铜陵有色顶部关键交易日的分时图

如图 4-6（左）所示，是股价此次探顶的分时走势，可以看到，4 月 8 日的股价线表现与前后两日对比起来有十分明显的冲高受阻回落走势，而且仔细观察还可以找到头肩顶形态的影子，筑顶信号更加明显。

除此之外，回到 K 线图中观察下方的成交量也可以发现，在 3 月下旬到 4 月初股价再度上冲的过程中，量能放大幅度明显不及前期，整体呈现出量缩价涨的弱势背离。

这无疑与射击之星结合起来释放出了强烈的警示信号，因此，即便股价还没表现出明显下跌，谨慎型投资者也可以先行减仓或清仓，将前期收益兑现，风险承受能力较强的投资者还可以继续观望。

一段时间后，股价小幅回落到 4.00 元价位线上得到支撑并继续上涨，然而高点依旧在 4.40 元价位线上方不远处触顶，次日便大幅收阴下跌。将触顶前后三个交易日的分时走势结合来看，又可以观察到一个筑顶形态。

如图 4-6（右）所示，4 月 18 日和 4 月 19 日联合形成的头肩顶形态十分清晰。此外，在 4 月 22 日，股价进行了又一次冲高，但也没能实现突破，反而是在均价线的压制下直线下跌，最终收出一根长阴线。

回到 K 线图中观察，这三根 K 线还联合形成了一种被称为镊子线的顶部反转形态，即第一根和最后一根 K 线实体较长，前阳后阴，中间的 K 线实体上端与前后 K 线的实体上端基本齐平的形态。内外看空信号结合起来，再次警告投资者及时卖出。

到这里还没完，因为股价在落到 3.80 元价位线上得到支撑后又一次形成了上涨。而成交量的缩量表现说明此次股价大概率也无法有更好的表现，所以投资者不能轻易加仓或建仓。

5 月中旬，股价在成交量的单根量柱推动下向上跳空，再次来到 4.40 元价位线附近，然而与前期推测的一致，它没能实现突破。次日股价在相近的位置冲高失败后拐头向下收出长阴线，这两日的分时走势中同样有筑顶形态出现，下面来进行分析。

图 4-7 为铜陵有色 2024 年 5 月 17 日到 22 日的分时图。

5 月 20 日是股价向上跳空收阳的交易日，当日股价线多次向上试探 4.40 元价位线，但都没能突破。而结合 5 月 21 日的股价线来看，一个双重顶形态清晰地出现了。不仅如此，后续两次股价的快速震荡下跌也证实了市场看跌情绪的浓厚。

这时再回到 K 线图中，已经经历三次见顶下跌警告的投资者就不能再被股价后续的反弹走势迷惑，而是要尽快借高卖出。

在后续的走势中，股价震荡向下最终跌破了前期回落的低点和中长期均线，同时也构筑出了一个完整的 K 线双重顶形态。这是一个需要将周期拉长才能观察到的大双重顶，进一步加强了前期的多重看空信号。

还未离场被套的投资者，此时就不能再对后市抱有期待，而是要在后续股价回抽颈线不过的同时借高止损，避开下跌行情。

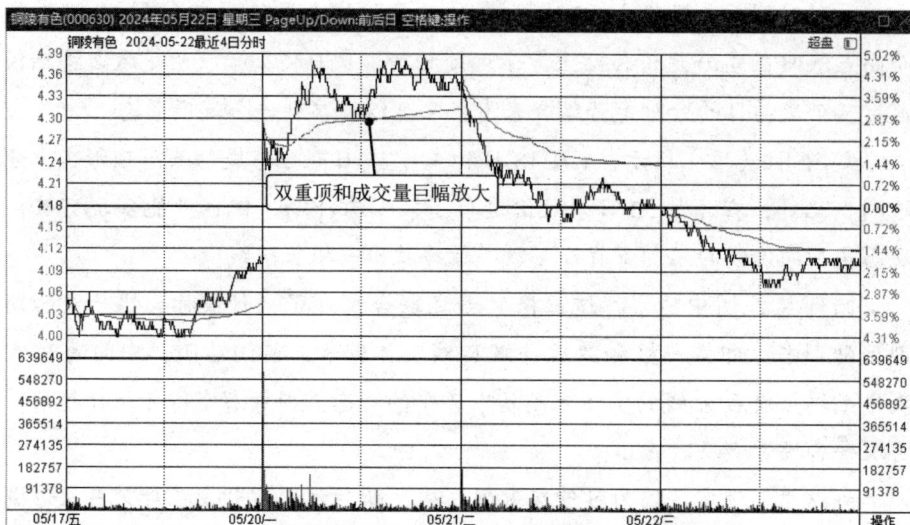

图 4-7　铜陵有色 2024 年 5 月 17 日到 22 日的分时图

4.1.3　日落西山头肩顶

头肩顶是在双重顶的基础上多形成了一个峰顶，中间凸起两边持平，像人的肩膀和头部一般。形态的颈线是股价两次下跌低点的连线，是判断形态是否成立的关键支撑线，如图 4-8 所示。

技术图示 头肩顶筑底形态看跌

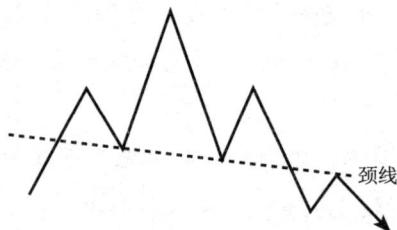

图 4-8　形态示意图

头肩顶的形成原理、位置及传递的信号都与双重顶基本一致，只是构筑时间更长，信号强度更高。相较于双重顶来说，头肩顶还未形成时，其中隐含的见顶信号可能更多也更明显，最主要的就是成交量、均线及 K 线顶部特殊形态，投资者可以仔细观察。

由于头肩顶形成的时间较长，对短线投资者来说不太友好。因此，这部分投资者在接收到预警信号后可以执行分段减仓操作，即在峰顶出现时抛售一部分，逐步降低风险，兑现收益。至于中长线投资者，则可以先寻找合适的点减仓，待到下跌趋势明确之后立即清仓即可。

接下来通过实例进行深入学习。

实例分析 曙光数创（872808）头肩顶跌破位置卖出

图 4-9 为曙光数创 2023 年 4 月到 9 月的 K 线图。

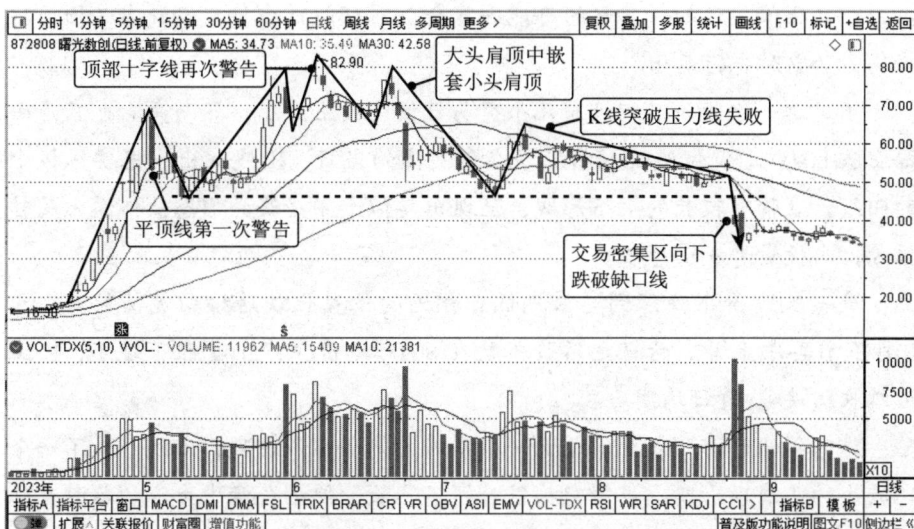

图 4-9　曙光数创 2023 年 4 月到 9 月的 K 线图

先来看曙光数创前期的上涨走势，在 2023 年 4 月下旬，股价自 20.00 元价位线下方形成突破后就开始快速上涨，期间几乎沿着一条斜线向上拉升，短短数十日后就冲到接近 70.00 元价位线的位置。

这已经是翻三倍还多的涨幅了，放在整个股市中来看也是十分少见的。因此，投资者在整理收益的同时更要警惕随时可能到来的获利盘回吐或主力出货、震仓而带来的快速下跌。

这一转折出现在 5 月初，股价在又一次快速拉升的次日拐头下跌，收出一根实体超长的阴线，实体向前覆盖住了阳线的实体，最高点则与之相当，形成的是平顶线。

放在当前的位置来看，这个平顶线无疑是股价即将转折回调或下跌的标志，所以，前期已经实现盈利的投资者还是以先行出局为佳，保住收益后再看后续是否有继续上涨的潜力。

股价后续一路下滑至45.00元价位线上方，得到支撑后反复震荡了一段时间，看起来没有继续下跌的迹象。那么当股价在成交量的放量支撑下再次向上攀升时，投资者就可以再次建仓入场。

5月底，K线以又一根长实体阴线止住涨势。这时的价格已经来到了80.00元价位线下方，而当日的成交量有明显放量，说明是卖盘，或者说是主力主动压价导致的，其目的可能的震仓，也可能是出货，投资者必须保持警惕，必要时先行卖出。

不过这一次股价只回调了几个交易日便继续上升了，然而高点也只是小幅突破80.00元价位线就转折了。在创新高的当日，K线收出一根实体极小的阳线，且带有较长的上下影线，呈现出类似十字星线的形态，传递出反转信号，向投资者发出警告。

这一次股价下跌落到与前期低点相近的位置止跌后横向震荡数日，于6月下旬再次上升。两日之后股价就在80.00元价位线上受阻下跌了，K线连续收阴跌破30日均线。

这时候投资者仔细观察前面一个多月的走势可以发现，K线形成了一个比较小的头肩顶形态。虽然它构筑时间不算长，但结合盘中出现的各种反转信号来看，已经足以催促投资者清仓出局。

继续来看后面的走势，股价在跌破30日均线后有过一次小幅反弹，可惜没能越过前期压力线，而是在靠近后很快转折向下跌破60日均线。数日之后，股价在50.00元价位线附近得到支撑后再次反弹，不过高点依旧没能突破30日均线。

现在再将周期拉长来看，就可以发现一个更大的头肩顶形态，且形态的两肩和头部都已经出现，之前的小头肩顶就嵌套在头部。待到股价跌破50.00元价位线，这个大头肩顶就会宣告成型，行情反转也会成为定局，此时还未离场的投资者最好抓紧时间。

该股彻底跌破大头肩顶颈线的位置在 8 月底，在此之前 K 线沿着 30 日均线的下行轨迹震荡了很长一段时间。期间股价低点都位于 50.00 元价位线上，高点则渐次下移，形成的是后面即将介绍到的下降三角形形态。

那么当股价形成跳空缺口下跌，跌破的就是下降三角形的支撑线和大头肩顶的颈线，一次性传递出双重看跌信号。而且下跌两日的成交量剧烈放量，主力出货痕迹明显，投资者不可再继续停留。

4.1.4　多方抵抗塔形顶

塔形顶就是塔形底的翻转，是指股价在某一位置以一根大阳线上升到更高的台阶上，随后在此附近反复横向震荡，最后却收出大阴线向下跌破的顶部反转形态，如图 4-10 所示。

技术图示　**阶段顶部的塔形顶**

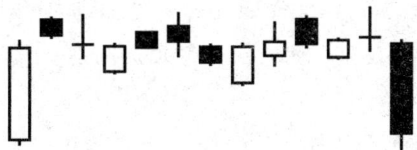

图 4-10　形态示意图

不难看出，塔形顶就是上档盘旋的另一种变盘方向。如果股价能够在横盘到后期得到市场多方的强力支撑，就有机会向上突破到更高的台阶，形成的上档盘旋形态也可以帮助投资者再次建仓或加仓。

因此，投资者可以大致摸索出遇到疑似塔形顶形态的操作策略，即先根据当前行情判断未来更加可能的变盘方向，然后在横盘期间按兵不动，待到转折形成后迅速分辨出涨跌方向，进而作出买入或卖出决策。

接下来通过实例进行深入分析。

实例分析　**英方软件（688435）塔形顶预示下一波下跌**

图 4-11 为英方软件 2023 年 3 月到 7 月的 K 线图。

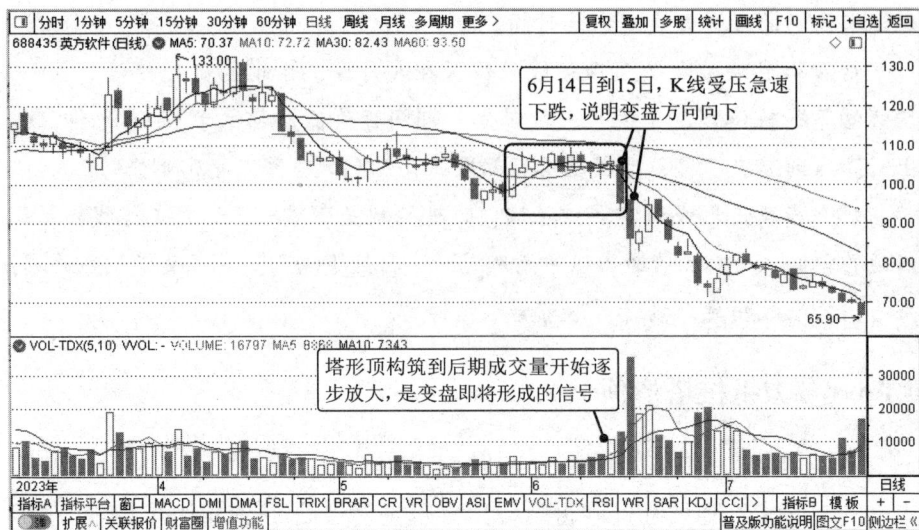

图 4-11　英方软件 2023 年 3 月到 7 月的 K 线图

在英方软件的这段走势中，投资者可以很清晰地观察到下跌行情的出现和成型。在 2023 年 3 月底，股价还能踩在中长期均线上收出长阳线上涨，但一段时间后该股就在 133.00 元的位置触顶后滞涨，最终反转向下跌破 30 日均线的支撑。

在后续一个多月的时间内，股价经过反弹确认了上方的压制力，下跌行情成型，大量投资者撤离观察。

5 月底，股价落到 100.00 元价位线下方止跌企稳后有形成反弹的迹象。数日后该股收出一根长实体阳线来到接近 30 日均线的位置，虽没有第一时间突破，但也没有被压制下跌，而是横盘震荡。

这时候投资者其实也无法准确分辨出后市是否会继续下跌，那么就可以按兵不动，观察一段时间再说。

震荡持续了半个多月，股价一直与 30 日均线保持着接触。但到了 6 月 14 日，股价明显开始转向下跌，下面来看当日的分时走势。

图 4-12 为英方软件 2023 年 6 月 13 日到 15 日的分时图。

图 4-12 为股价拐头下跌的当日和前后两日的走势对比，从图 4-12 中可以看到，在 6 月 13 日，股价仍处于横盘震荡的过程中，而 6 月 14 日的走势就明确多了，股价开盘后不久就逐渐下滑，跌速越来越快，直至收出一根长实体阴线。

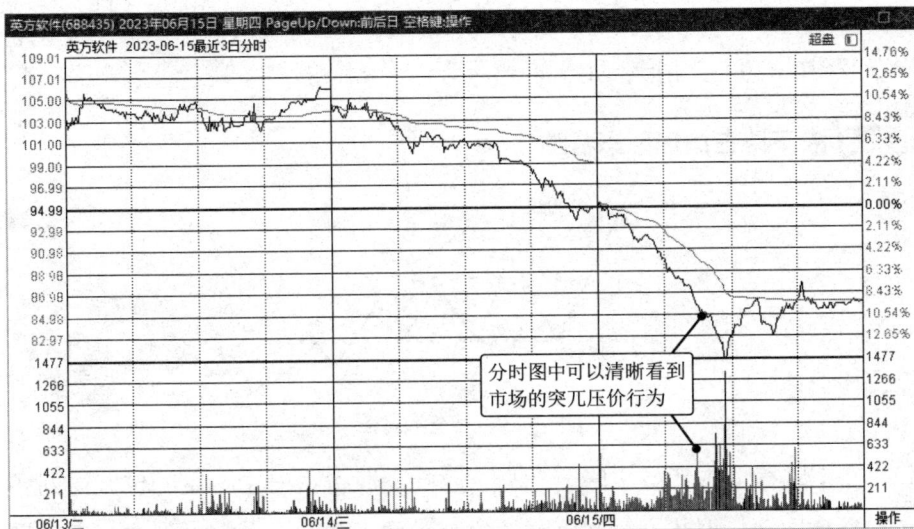

图 4-12 英方软件 2023 年 6 月 13 日到 15 日的分时图

很显然，结合前期推涨到高位的长阳线和中间的小实体 K 线来看，该股形成的不是上档盘旋而是塔形顶，传递出的信号也是消极的，那么投资者就要趁着股价尚未下跌太多时及时卖出。

毕竟从 6 月 15 日的股价走势来看，主力明显在当日有主动压价行为，量增价跌的走势非常清晰。在 K 线图中，成交量也放出了单根巨量量柱，说明下跌行情将延续。

4.2 止跌位 K 线组合跌破关键线

在下跌行情中，股价总会在多方的反抗或是下跌力量的衰减影响下暂缓跌势，形成一段反弹或是横盘整理，就如同上涨行情中的一般。K 线在此期间还可能形成一些特殊的整理形态，投资者可借助这些形态止损解套或抢反弹，但后者要注意仓位管理。

4.2.1 下降三角形

下降三角形指的是股价在震荡整理中，回落形成的波谷会触到一条接近水平的支撑线，即下边线，而多次反弹形成的波峰会逐渐下移，连接起来会形成斜线向下的上边线。如果将这两条边线延伸相接，就构成了一个向下倾斜的直角三角形，如图 4-13 所示。

技术图示 下降三角形形态看跌

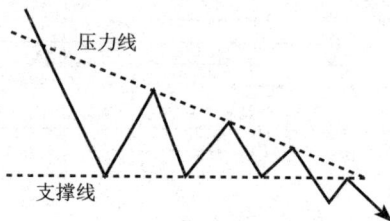

图 4-13　形态示意图

在下跌行情中形成下降三角形，意味着股价在一个特定的位置得到多方的资金推动，因此，每回落至该位置时便止跌回升，波谷形成一条水平的支撑线。

但场内的抛压却不断加强，股价每一次反弹的高点都较前次更低，于是形成一条向下延伸的压力线。当下边线被彻底跌破时，股价将很快回到下跌轨道，投资者需要提前择高卖出，降低损失。

接下来通过实例进行深入学习。

实例分析 骑士乳业（832786）抓住下降三角形跌破位

图 4-14 为骑士乳业 2023 年 11 月到 2024 年 5 月的 K 线图。

在 2023 年 11 月下旬到 12 月初，骑士乳业的股价涨势相当迅猛，K 线实体都非常长，从 4.00 元价位线附近冲到 9.00 元价位线上方只用了不到半个月，价格就实现了翻倍。

在此期间，成交量活跃度也是有目共睹的，大量投资者追高跟进，赚取的收益十分丰厚。

然而在创新高的当日，也就是 12 月 6 日，股价冲高回落收出了一根近期实体最长的阴线，低点跌下了 8.00 元价位线，单日跌幅惊人。这有可能是短期暴涨后市场获利盘兑利造成的回调，但也有可能是主力高位出货的表现，具体还需要根据分时走势中的表现来判断。

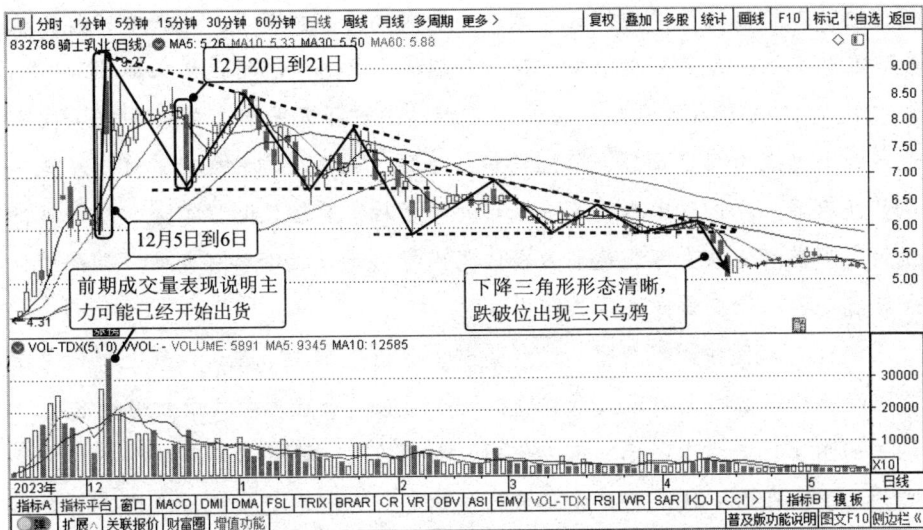

图 4-14　骑士乳业 2023 年 11 月到 2024 年 5 月的 K 线图

下面来看具体的分时走势。

图 4-15 为骑士乳业 2023 年 12 月 5 日到 6 日，以及 12 月 20 日到 21 日的分时图。

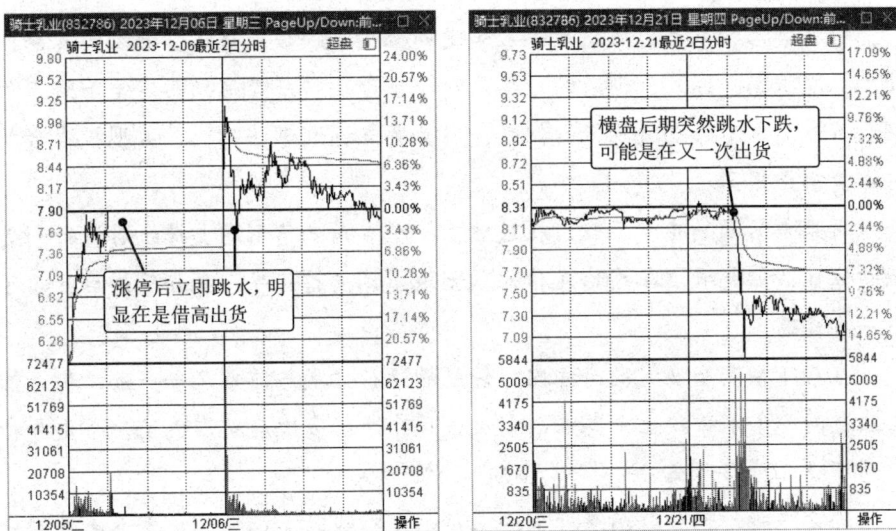

图 4-15　骑士乳业关键交易日的分时图

如图 4-15（左）所示，股价在 12 月 5 日开盘后就斜线向上拉升，涨速极快地冲到了接近涨停的位置回调，一段时间后重拾升势，直接封板直至收盘。在此期间，大量买盘积极介入，企图抓住这一极佳的获利机会。

但是 12 月 6 日开盘后，股价只是继续上冲了几分钟，就立即拐头向下形成一个尖锐的倒 V 形顶，落到均价线下方。观察下方的成交量可以发现，在开盘后第一分钟盘中出现了一根巨大的量柱，后续又明显缩减。结合股价线的走势来看，很有可能是主力在借高出货，导致股价急涨急跌。那么投资者就有必要先行卖出，保住前期收益。

回到 K 线图中继续观察后续的走势，股价落到 7.00 元价位线上得到支撑后继续上行，但高点明显低于前期，还在滞涨结束后再次收出大阴线下跌。

如图 4-15（右）所示，可以发现，股价在 12 月 21 日的下跌转折非常突然，几乎呈直角下跌，而且成交量放量明显，大概率是主力再次出货所致，警示投资者及时撤离。

在此之后，股价又一次落到前期低点附近形成反弹，高点依旧下移。事实上，在未来一个多月的时间内，股价都一直在 70.00 元价位线上方重复着反弹→受阻下跌→再反弹→再下跌的过程，高点的持续下移和低点的长期走平，使其形成了一个直角三角形。

根据其形状来看，股价最终应当还是会向下跌破支撑线，但由于其前期处于上涨状态，因此，形成的应该是一个顶部反转三角形，而不是下降三角形。不过这也不影响投资者的判断，当其高点逐渐下移时，谨慎型投资者就可以卖出止损了。

再来看后面的走势。股价在跌破上一个直角三角形的支撑线后运行到更低的位置，但也很快在 6.00 元价位线附近得到支撑止跌，并在反弹后开启了下一波震荡。

在接下来两个多月的时间内，该股的运行方式与前期几乎一致，都是低点踩在同一条水平线上，高点则渐次下移，连续多次后就形成了一个更加标准的下降三角形形态。

那么当股价连续收阴跌破下降三角形支撑线时，投资者就要迅速进入分时图中寻找合适的卖出时机。下面来看跌破时刻的关键交易日的分时走势。

图 4-16 为骑士乳业 2024 年 4 月 12 日到 16 日的分时图。

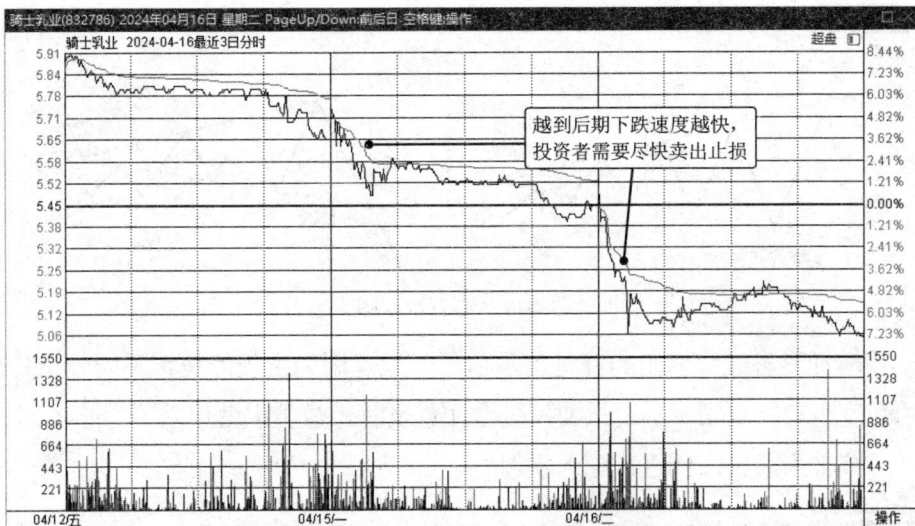

图 4-16　骑士乳业 2024 年 4 月 12 日到 16 日的分时图

股价是在 4 月 12 日开始向下跌破的，从当日及后两日的分时走势中可以看到，随着时间的推移，该股的跌速日渐加快，到了 4 月 16 日开盘后几乎呈跳水式下滑，可见市场看跌情绪的浓厚。

而且这三根阴线的开盘价都位于前日收盘价上方，阴线实体交错且逐日拉长，形成的是三只乌鸦形态。结合 K 线跌破下降三角形的走势来看，投资者必须尽快清仓，否则可能长期被套。

4.2.2　等腰跌破三角形

等腰跌破三角形的整体形态与等腰突破三角形十分相似，都是股价在震荡的过程中低点上移、高点下移，连接关键点形成的整理形态。只是在等腰跌破三角形中，股价最终会向下跌破支撑线，发出看跌信号。

根据股价进入整理阶段前涨跌趋势的不同，等腰跌破三角形又分为两种类型，一种出现在下跌过程中，预示着股价将继续下跌，如图 4-17（左）所示；另一种出现在顶部，预示着股价将在高位震荡后反转下跌，属于筑顶形态，如图 4-17（右）所示。

技术图示 两种等腰跌破三角形看跌

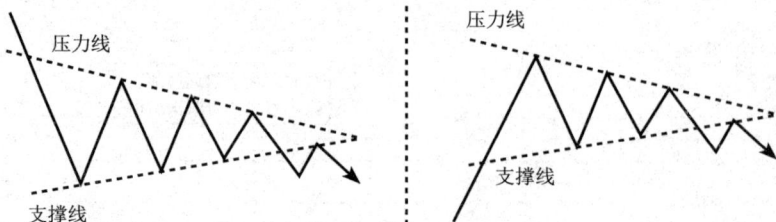

图 4-17　形态示意图

两种形态最终发出的都是警示信号，只是因为出现的位置不同，信号的强度也有所差别，不过只要投资者注意及时止盈止损就可以了。

接下来通过实例进行深入学习。

实例分析 天晟新材（300169）等腰跌破三角形的卖出信号

图 4-18 为天晟新材 2023 年 8 月到 2024 年 2 月的 K 线图。

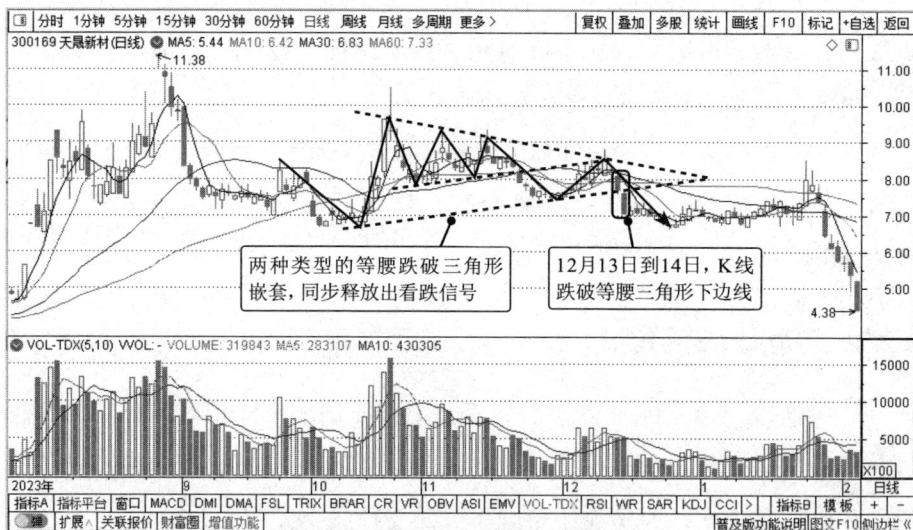

图 4-18　天晟新材 2023 年 8 月到 2024 年 2 月的 K 线图

2023 年 8 月，天晟新材的股价还在震荡上涨，前期涨速极快，不过在靠近 10.00 元价位线后有过一次回调，低点在 7.50 元价位线附近停住，随后继续向上攀升，最高冲上了 11.00 元价位线。

然而在创新高的当日，股价收出一根带有较长下影线的小实体阴线，传递出反转信号。此后价格就开始急速下跌，很快便跌破 30 日均线落到低位。

到了 10 月初，60 日均线也被跌破了，股价跌到 7.00 元价位线上后开始强势向上反弹，高点一度冲破了 10.00 元价位线。然而事实证明这确实只是一次反弹，股价后续就进入了震荡之中，且震荡的高点、低点分别向中间收敛，一个月后形成一个清晰的顶部反转等腰三角形形态。

这意味着股价的反弹即将结束，后续回归下跌，无论是抢反弹还是借此解套的投资者都要注意及时卖出兑利。

从后续的走势可以看到，该股于 11 月中旬将等腰三角形的支撑线跌破，落在 7.50 元价位线附近停住并回抽支撑线，不过没能突破成功，随后就继续下跌到了更低的位置。

这看似是一次平常的回抽不过，但是如果将时间周期拉长并仔细观察 K 线走势，就会发现在跌下等腰三角形支撑线之后，股价的高低落点其实都在一个大的等腰三角形的边线上。

而且因为股价在前期是下跌的，这个等腰三角形是标准的下跌行情中的整理三角形。所以，这就是一个大的整理三角形中嵌套着一个小的顶部三角形，这样的形态十分罕见，不过信号方向很清晰，股价即将下跌。

那么接下来就进入跌破关键交易日的分时走势中寻找卖点。

图 4-19 为天晟新材 2023 年 12 月 13 日到 14 日的分时图。

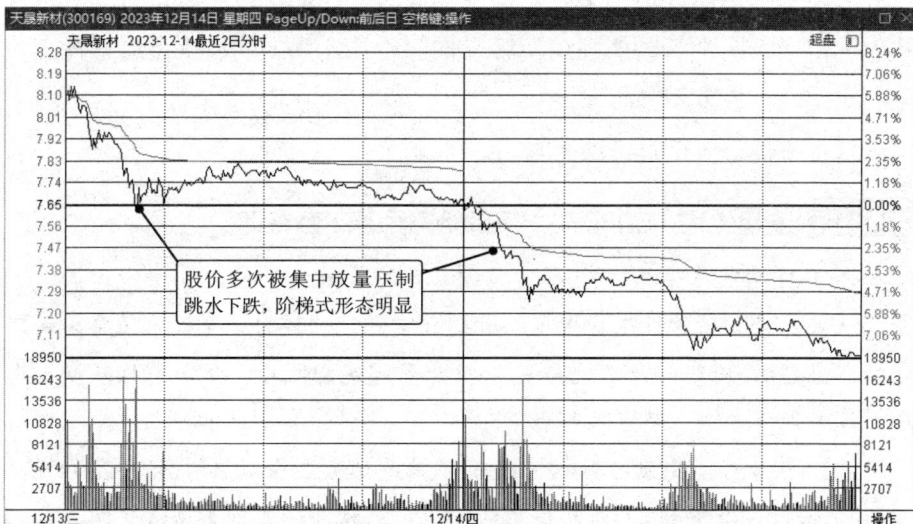

图 4-19　天晟新材 2023 年 12 月 13 日到 14 日的分时图

12 月 13 日和 14 日是股价连续收阴跌破等腰三角形下边线的两个交易日，这两日的分时走势非常类似，都是在开盘后不久就开始震荡下跌，落到某一位置后横盘，随后继续下跌。

而且成交量也都在下跌的同时放量压制，卖盘活跃度较高，其中也可能夹杂着主力抛售的筹码，投资者需尽快在这两日卖出，避开后市下跌。

4.2.3　下降矩形

下降矩形形态与上升矩形是一样的，区别只在于前期的涨跌方向和后期变盘的方向。在下降矩形中，股价会在多次震荡后向下跌破支撑线，传递出卖出信号，如图 4-20 所示。

技术图示　**下降矩形形成关键跌破**

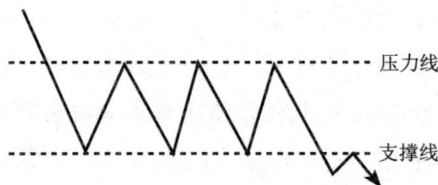

图 4-20　形态示意图

下降矩形的出现说明多方与空方形成对等的反抗，二者暂时处于平衡状态。但市场的下跌动能强劲，后市依旧看跌，场内的投资者最好择高卖出，场外的投资者不宜参与。

接下来通过实例进行深入学习。

实例分析　**安旭生物（688075）下降矩形预示下跌在即**

图 4-21 为安旭生物 2023 年 4 月到 8 月的 K 线图。

从安旭生物的这段走势中可以看到，中长期均线自始至终都维持着下跌走势，且 60 日均线一开始就与 K 线拉开了一定的距离，说明前期跌幅也不小，许多投资者都已经撤离观望了。

2023 年 4 月下旬到 5 月初，股价下跌的速度更快了，半个月左右就从 54.00 元价位线上跌到 42.00 元价位线附近，给被套的投资者造成了极大的损失，可见提前出局是多么有必要。

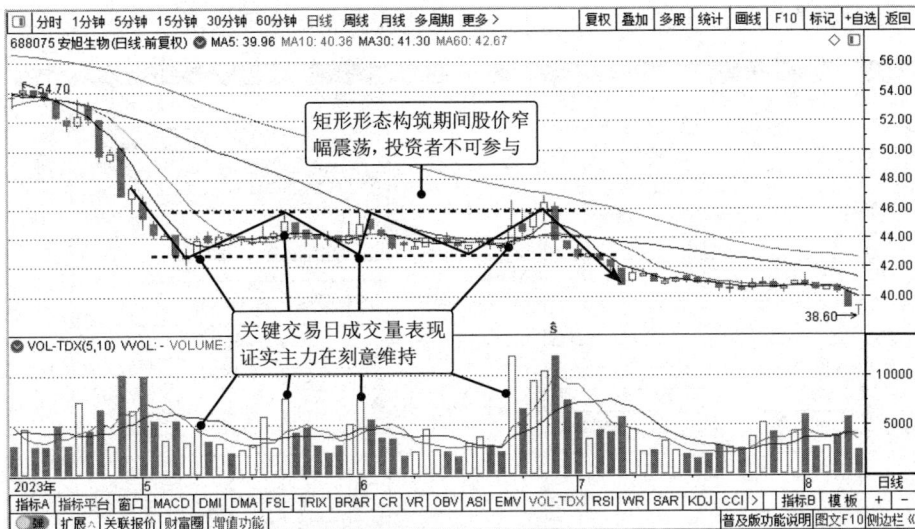

图 4-21　安旭生物 2023 年 4 月到 8 月的 K 线图

在 42.00 元价位线上得到支撑后，股价就开始在这条水平线上方反复震荡，不仅低点始终位于该支撑线上方，高点也长期受到 46.00 元价位线的压制而走平。近两个月后，一个矩形形态变得十分清晰。

除了 K 线整体形态传递出的整理信号之外，震荡期间成交量时不时就有放量推动，使得股价频繁收阳上升。下面就来看看这些收阳交易日中的分时走势有哪些共通之处。

图 4-22 为安旭生物下降矩形构筑期间关键交易日的分时图。

这些交易日对应的成交量都有明显放量，从其中的股价线走势可以看出，它们的形态十分相似。股价都在开盘后的某一时间段内有过积极上升，但也都在上涨到压力线附近后冲高回落，最终以稍低的价格收出阳线。而且盘中成交量也都在关键上涨过程中给予过放量支撑，这一点在 K 线图中已经有所体现。

如此相似的走势和成交量表现，很难不令人想到主力。可能就是主力在注资，将价格维持在这一震荡区间内，虽然目的暂不明朗，但未来股价转向下跌的概率很大，投资者最好先行卖出观望。

回到 K 线图中观察后续的走势不难发现，股价在 6 月底就开始连续收阴向下靠近支撑线，并在数日后彻底将其跌破。期间成交量明显放量，可见卖方有压价行为，可能是主力在出货，那么投资者也不可继续停留。

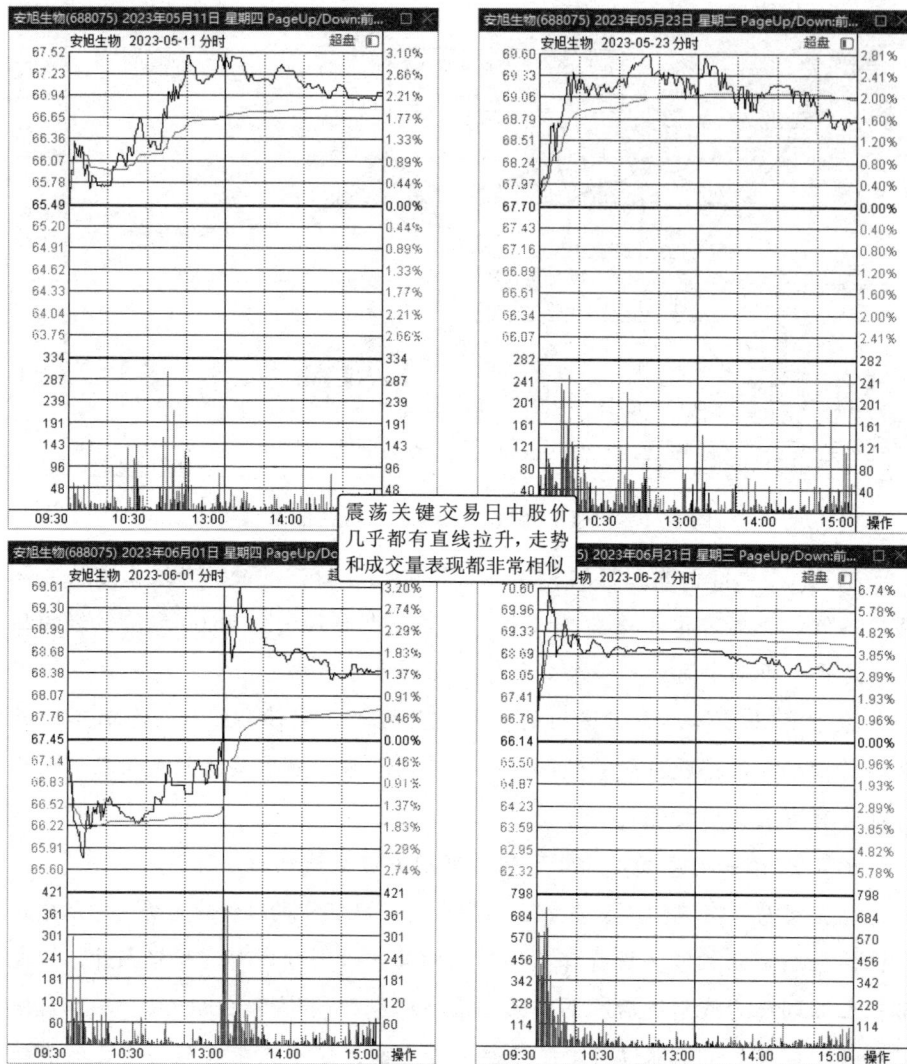

图 4-22 安旭生物下降矩形构筑期间关键交易日的分时图

4.2.4 上升旗形与上升楔形

上升旗形是指股价在下跌行情中遇到某支撑线企稳后向上反弹，震荡高点和低点平行上移的整理形态，如图 4-23（左）所示。上升楔形则是指在同样的反弹情况下，股价的震荡高点和低点分别向中间收敛的整理形态，如图 4-23（右）所示。

技术图示　上升旗形（左）与上升楔形（右）

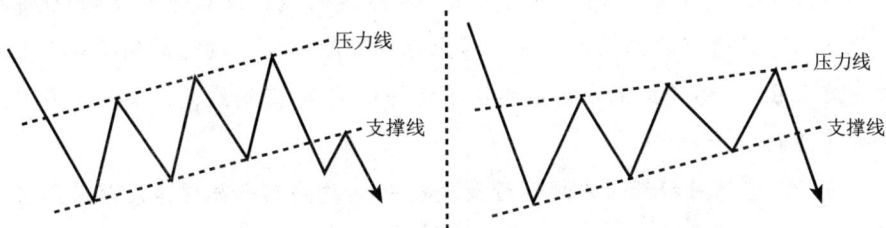

图 4-23　形态示意图

上升旗形和上升楔形只在形态上稍有差别，出现的位置和含义都是一样的。投资者在下跌行情中发现这样的强势反弹可以尝试参与，只要最后能够确定股价的整体趋势不变，在合适的位置择高卖出，就可以收获这一波涨幅。

接下来通过实例进行深入学习。

实例分析　太湖雪（838262）上升旗形的看跌预示

图 4-24 为太湖雪 2023 年 12 月到 2024 年 4 月的 K 线图。

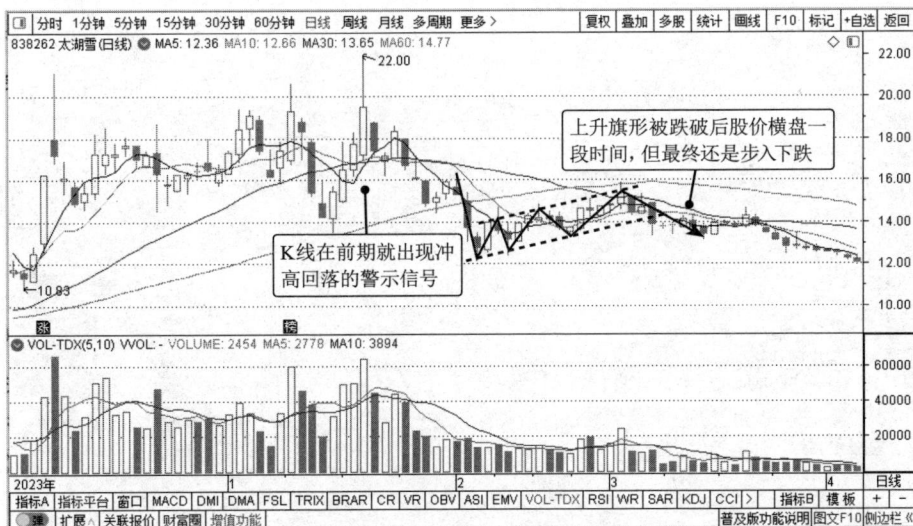

图 4-24　太湖雪 2023 年 12 月到 2024 年 4 月的 K 线图

　　观察太湖雪的前期走势不难发现，该股在 2023 年 12 月就出现了高位滞涨的情况，成交量在此期间明显缩减，使得股价也在反复震荡，但始终无法彻底突破压力线。

　　2024 年 1 月上旬，股价还经历了一次深度回调，低点一度落到 60 日均线上方才重拾升势。然而此次的强势上涨也没能彻底突破到前期高点之上，而是在创出 22.00 元的新高后就再次下跌并跌破 30 日均线，说明该股有可能会转入下跌行情之中。

　　那么，当场外投资者发现该股在跌破 60 日均线后开始缓慢震荡反弹时，就要注意不能重仓介入抢反弹，还停留场内的投资者也要注意下一次下跌的时机，进而及时卖出解套。

　　2 月，股价沿着 60 日均线的上行轨迹震荡，高点和低点上移的速度稳定，形成了上升旗形形态。显然这是短期看涨但长期看跌的形态，结合前期股价转折的走势来看，该形态最终还是会被跌破。

　　跌破时机出现在 3 月初，K 线收阴跌到支撑线下方后横盘震荡，给场内投资者留下了撤离的时间。而到了 3 月下旬，股价就在 30 日均线的压制下持续下跌，这时还没离场的投资者将遭受较大的损失。

第 5 章

K线与常用指标结合研判

K线特殊形态与常用指标的结合研判在前面的章节中已经有所涉及，但那只是浅显的应用。很多时候，一些常用指标会与K线结合形成更加具有参考价值的看涨或看跌形态，可以帮助投资者定位买卖点。

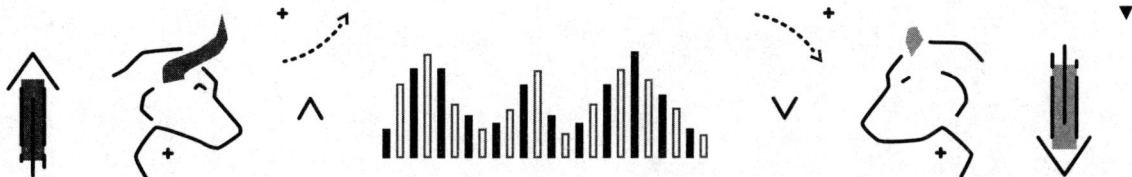

5.1　K 线与均线的组合形态

均线就是前面案例中经常用到的，叠加在 K 线上使用的移动平均线。一般情况下，均线会以组合的方式呈现，最常用的就是 5 日均线、10 日均线、30 日均线和 60 日均线的组合，本书的案例中包含的都是这样的均线组合。

这主要是因为短期均线与 K 线之间的联系较为紧密，变动较为频繁，因此稳定性不好，需要用一些中长期均线来进行平衡。而这些中长期均线又不能很好地展示股价的短期波动，于是短期均线又与之形成了互补。这样一来，大部分持股周期的投资者都能通过这样的均线组合抓到适合自己的买卖点。

而 K 线与均线的组合形态又是什么样的呢？它一般指的是一些特殊 K 线出现在特定位置时，当均线组合产生某些不同寻常的变化，二者结合起来就会形成一些具有买卖价值的形态。

下面就来逐一进行解析。

5.1.1　蛟龙出海

蛟龙出海指的是股价在经历盘中或回调下跌后进入整理后期，一根大阳线拔地而起，同时向上突破了短期、中期和长期均线，并且收盘价在这几条均线之上，犹如一条蛟龙从海中腾飞而起，如图 5-1 所示。

技术图示　上涨初期的蛟龙出海

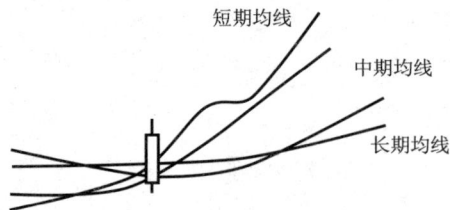

图 5-1　形态示意图

蛟龙出海是典型的盘整突破信号，并且是向上突破的信号。在此之前，股价可能经历了长时间的走平或是震荡，这才导致均线组合黏合或交叉在一起，最终在后期被一根大阳线突破。

这根阳线的实体越长，发出的看涨信号就越强烈，股价在脱离盘整后能够上涨的空间也更广阔。投资者在发现蛟龙出海形态并且能够确定上涨趋势的前提下，可以追涨入场，把握不准的投资者可以等到均线向上发散开后再入场。

接下来通过实例进行深入学习。

实例分析 华阳变速（839946）蛟龙出海开启拉升

图 5-2 为华阳变速 2024 年 6 月到 8 月的 K 线图。

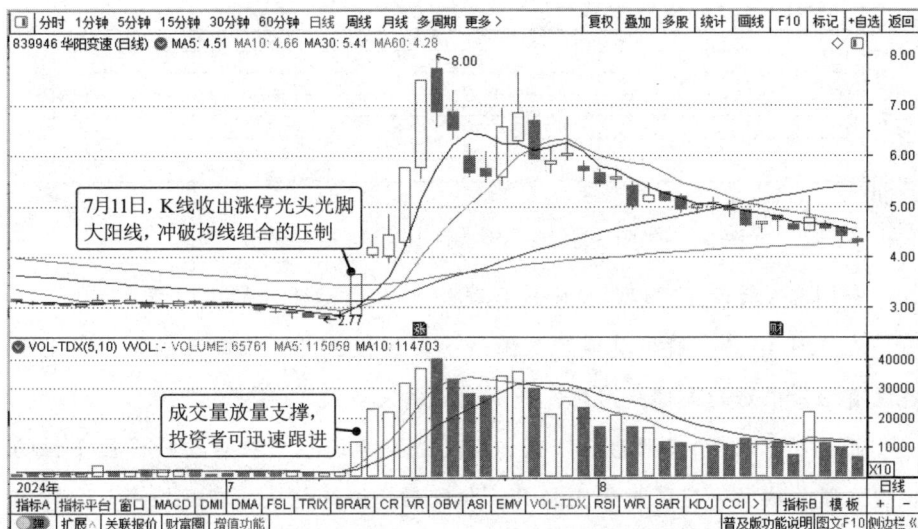

图 5-2　华阳变速 2024 年 6 月到 8 月的 K 线图

在华阳变速的这段走势中，K 线在 2024 年 6 月到 7 月上旬几乎一直位于 3.00 元价位线附近横向震荡，期间中长期均线保持在上方形成强力压制，成交量表现也不尽如人意，说明这段时间内市场基本看跌，投资者不可轻易参与。

7 月上旬，股价稍有下跌，一路下滑到 3.00 元价位线下方，并创出 2.77 元的新低。到此时市场其实都没有异常反应，成交量、股价等表现都趋于平淡。因此，在 7 月 11 日股价突兀上涨，收出一根光头光脚大阳线时，很多投资者，尤其是没有日常关注股价运行的投资者都没有反应过来。

下面就来看一下当日上涨的速度及前后交易日的股价表现。

图 5-3 为华阳变速 2024 年 7 月 10 日到 12 日的分时图。

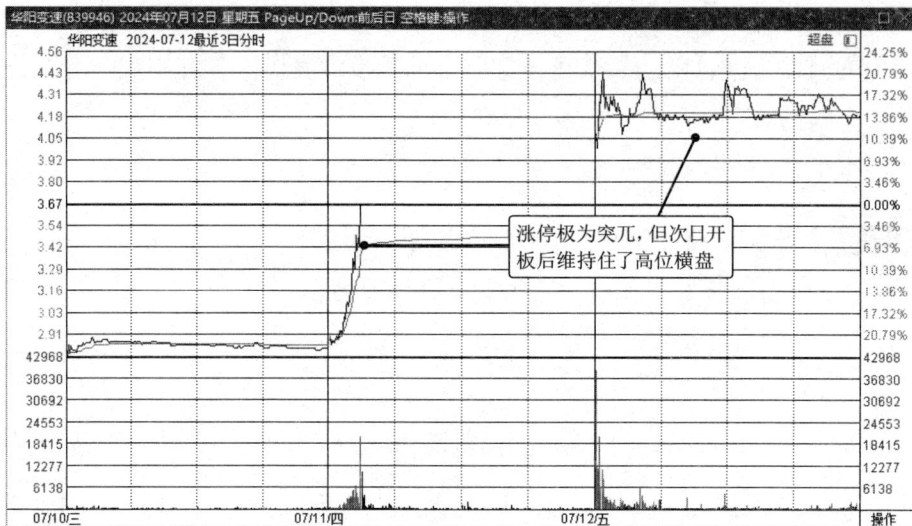

图 5-3 华阳变速 2024 年 7 月 10 日到 12 日的分时图

如图 5-3 所示，可以很清晰地观察到 7 月 11 日上涨的迅猛程度。

在 7 月 10 日，股价其实已经有过一段缓慢上升，但幅度很小，成交量也没有给予很好的支撑，因此，并不能吸引太多投资者入场。

而到了 7 月 11 日开盘后不久，随着成交量的集中放量及一根巨量柱的出现，股价线呈一定弧度向上拉升，越到后期涨速越快，在短短十多分钟内就冲到涨停板上，并持续封板直至收盘。

由此也可以看出，来不及反应的投资者其实很难在当日抓住时机买入，因此，只有借助后续开板之后股价震荡期间的机会来建仓。

7 月 12 日开盘的第一分钟，成交量释放出巨大量能，后续稍有缩减，但是活跃度也明显高于前日。不过股价却没有积极上升，反而始终被压制在 4.43 元价位线下方震荡，最终以稍低的价格收出一根阳线。

这是否意味着该股的上冲只能维持如此短的时间呢？这时投资者不妨回到 K 线图中观察 7 月 11 日的特殊形态。

从图 5-2 中可以看到，该股在 7 月 11 日收出的涨停光头光脚大阳线自下而上穿越了整个均线组合，并且高点也越过前期压力线，说明这是一个标准的蛟龙出海形态。

而次日股价也是跳空向上开盘的，说明其震荡可能只是市场获利盘抛售导致的短暂滞涨，只要成交量在后续能够给予充分支撑，该股就还有拉升的潜力，投资者是可以继续建仓的。

从后续的走势可以看到，可能是因为上涨速度过快，这次的拉升并没能维持太长时间，股价在数个交易日后就在 8.00 元的位置触顶，随后反转下跌，后续形成的反弹也没能突破前期高点，说明此次拉升已经结束，投资者需要及时借高卖出。

尽管此次大部分投资者持仓的时间都不长，但是从 3.00 元价位线左右上升到 8.00 元价位线附近，该股所创造的收益已经实现了翻倍，可见蛟龙出海形态的信号强度。当然，不是每个蛟龙出海都能预示出如此积极的上涨，投资者还是要具体问题具体分析。

5.1.2　鱼跃龙门

鱼跃龙门是和蛟龙出海十分类似的突破形态，依旧由 K 线突破均线组合形成的，但突破位的阳线需要向上跳空形成缺口，并且整根阳线都站在均线组合之上，不可以有接触，如图 5-4 所示。

技术图示 鱼跃龙门跳空向上

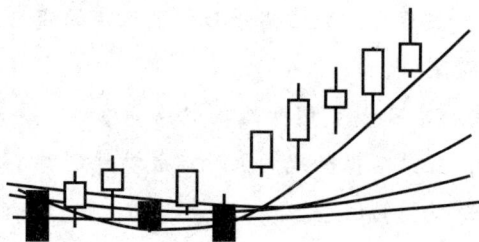

图 5-4　形态示意图

鱼跃龙门中的阳线很有可能会直接突破横盘期间的压力线，因此，比起蛟龙出海形态来说可能更加激进，释放出的看涨信号也更加强烈。若投资者发现这样的形态，可以选择跟进，在突破当时或后续合适的位置吸纳建仓，等待后市发展。

接下来通过实例进行深入学习。

实例分析 凯华材料（831526）鱼跃龙门择机跟进

图 5-5 为凯华材料 2023 年 9 月到 2024 年 2 月的 K 线图。

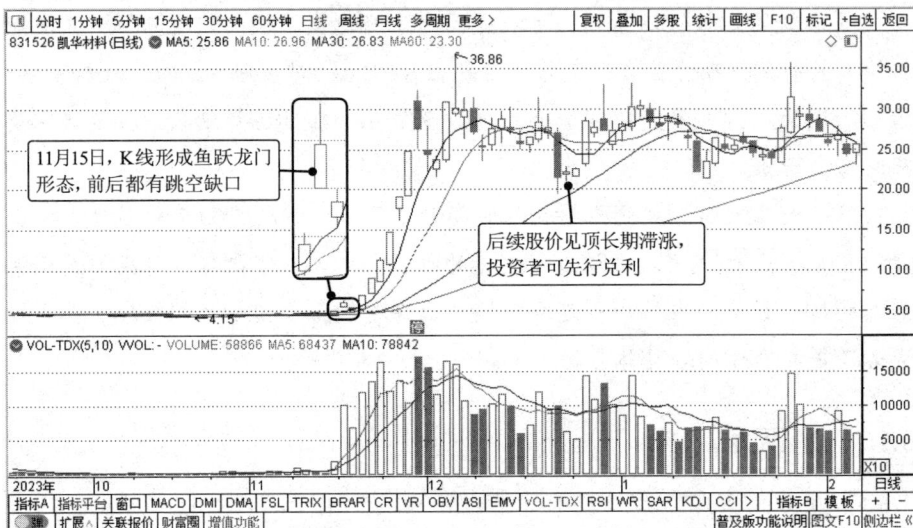

图 5-5　凯华材料 2023 年 9 月到 2024 年 2 月的 K 线图

观察凯华材料的这段走势，在 2023 年 11 月中旬之前，该股都一直被压制在 5.00 元价位线下方横向震荡。期间由于股价波动幅度极小，中长期均线已经与 K 线纠缠在一起走平，投资者很难辨别后市的变盘方向，因此，在这一阶段内只能保持观望。

到了 11 月中旬，成交量突然开始集中放量推涨，导致股价收出两根实体相对较长的阳线，且第二根阳线向上跳空成功越到整个均线组合之上，不难看出形成的是鱼跃龙门的形态。

但这个鱼跃龙门是否具有较强的看涨含义，还需要根据当日的分时走势及未来的市场变动情况来分析。

下面先来看上涨这几日的分时走势。

图 5-6 为凯华材料 2023 年 11 月 14 日到 16 日的分时图。

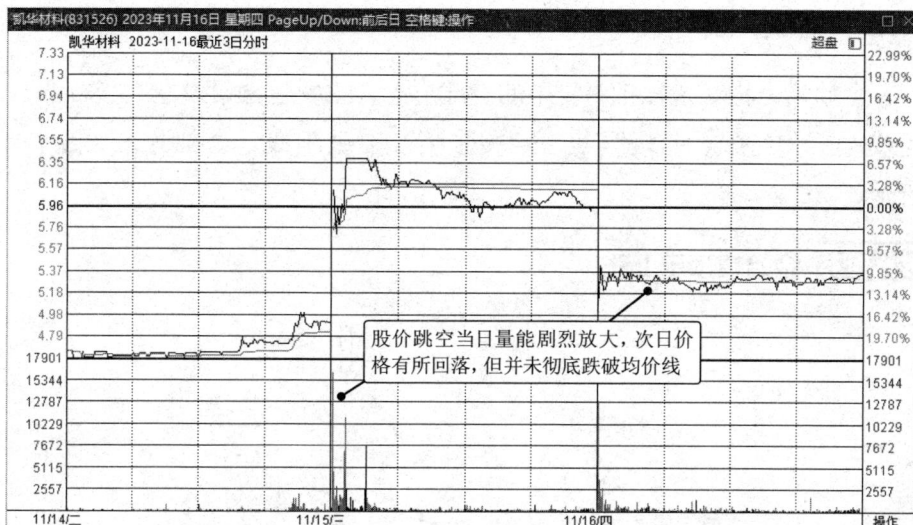

图 5-6　凯华材料 2023 年 11 月 14 日到 16 日的分时图

在 11 月 14 日，该股前期长期保持横盘，直到临近尾盘才稍有上涨，最终呈阶梯式攀升到了较高的位置收盘，成交量稍有放量。

11 月 15 日，不仅股价是跳空向上开盘的，量能也表现出明显的异常，数根巨大量柱的出现将价格短暂拉低后又立即推高，触及压力线后回落，收出一根小实体阳线。

这时候的价格相较于前期已经有了非常明显的变动，就连均线组合也有被带动向上发散的趋势，可见该股未来是有很大可能向上扭转的，激进型投资者完全可以借此机会建仓。

虽然在 11 月 16 日股价稍有回落，整日保持横盘震荡，但在 K 线图中，当日形成的阳线依旧站在均线组合上方，说明市场有一定的支撑性。加上当日量能并未缩减太过，后市仍然看好，投资者可保持持股。

再往后几个交易日，该股就呈现出了迅猛的拉升，涨速越来越快，第一波就冲到 30.00 元价位线附近，相较于拉升初始的 5.00 元价位线来说已经实现了多次翻倍，投资者获利颇丰。

不过投资者还是需要注意后续股价的回落，待到 K 线图中出现一根带有长上影线的小实体阳线时，投资者就要意识到反转可能即将到来，进而借高卖出，保住前期收益。

5.1.3　金蛤蟆

金蛤蟆是构筑过程相对复杂的看涨形态，主要包含蛤蟆左爪和右爪、蛤蟆左眼和右眼、蛤蟆眼线、蛤蟆张嘴及突破阳线几个部分，如图5-7所示。

技术图示　**金蛤蟆预示上涨**

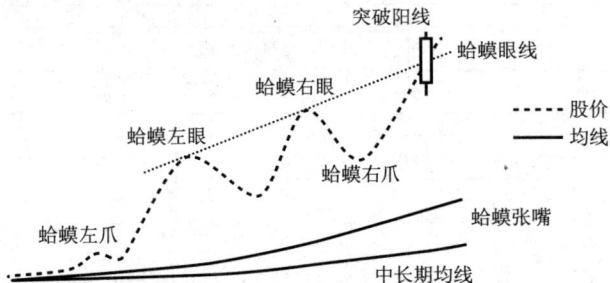

图 5-7　形态示意图

每一个部分都有不同的形态要求，具体如下：

①蛤蟆左爪是K线刚开始拉升后小幅回调形成的，在拉升过程中，5日均线和10日均线需要形成一个金叉。

②蛤蟆左眼和右眼是股价在上涨过程中形成的两次阶段高点，且右眼需要比左眼高。

③蛤蟆右爪是当右眼形成，股价跌到某一位置得到支撑回升的低点。

④蛤蟆眼线是连接蛤蟆的两只眼睛得出的一条斜向上的直线，它也是形态能否成立的关键。

⑤突破阳线是股价继续向上回升，并成功在蛤蟆眼线的位置收出的大阳线，最高点需要突破到压力线上方。

⑥蛤蟆张嘴由两条中长期均线构成，注意，这里的均线并非30日均线和60日均线，而是60日均线和120日均线。当股价回升突破蛤蟆眼线的同时，两条中长期均线要向上开口，形成发散状态。

一般情况下，股价向上成功突破关键线时，收出的大阳线不会形成跳空，那么构筑出的形态就是金蛤蟆。但如果K线能够在突破蛤蟆眼线的同时与前一根 K 线形成缺口，那么构筑出的就是蛤蟆跳空形态，这一形态所传递出的买入信号将会更加强烈。

在金蛤蟆和蛤蟆跳空形态中，存在不少不同风格的买入点和加仓点。比如在形态还未构筑完成时，激进型投资者可以在前期的数个低点处试探性地建仓入场，而 K 线突破蛤蟆眼线的位置，就是谨慎型投资者的买点，这样虽然会损失一部分收益，但风险更低。

不过具体执行哪种策略，还需要投资者自行决定。

接下来通过实例进行深入学习。

实例分析 寒武纪（688256）金蛤蟆形态看涨跟进

图 5-8 为寒武纪 2022 年 12 月到 2023 年 4 月的 K 线图。

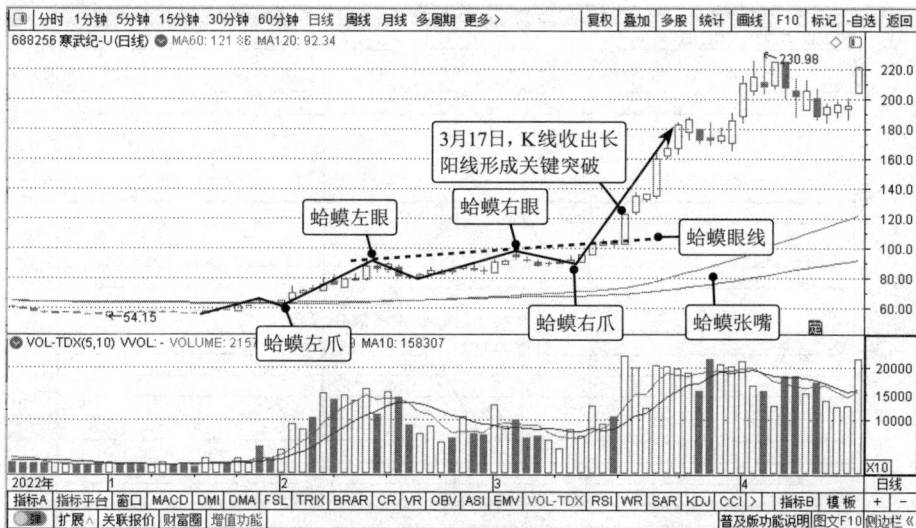

图 5-8 寒武纪 2022 年 12 月到 2023 年 4 月的 K 线图

2022 年 12 月，寒武纪的 K 线实体普遍极小，并被长期压制在中长期均线和 60.00 元价位线上，未来该股是否值得投资，就在于股价是否能够对这两条压力线形成突破了。

进入 2023 年 1 月后不久，K 线就开始加大收阳幅度并很快攀升到了中长期均线及 60.00 元的压力线之上，只是在突破后有过小幅回调，后续又很快回归上涨。

2月中旬，股价已经上涨到接近 100.00 元价位线，然后再次回调整理，数日之后重拾升势，缓慢向上攀升并接触到 100.00 元价位线，高点有所上移。

这时时间已经来到 3 月，股价在该压力线下方又一次小幅下跌整理后再度拉升，很快便成功突破到 100.00 元价位线之上。与此同时，细心的投资者可能已经发现了金蛤蟆形态的出现。

首先，蛤蟆左右爪子和眼睛都已经出现，并且在中长期均线上方不远处站稳了脚跟。其次，连接蛤蟆两眼所形成的斜向上方的蛤蟆眼线已经被该股在 3 月 17 日收出的长阳线突破，下方起支撑作用的 60 日均线和 120 日均线也逐步向上发散，金蛤蟆形态已然成型，是很好的建仓机会。

下面通过突破前后的关键交易日来寻找合适的买入点。

图 5-9 为寒武纪 2023 年 3 月 16 日到 20 日的分时图。

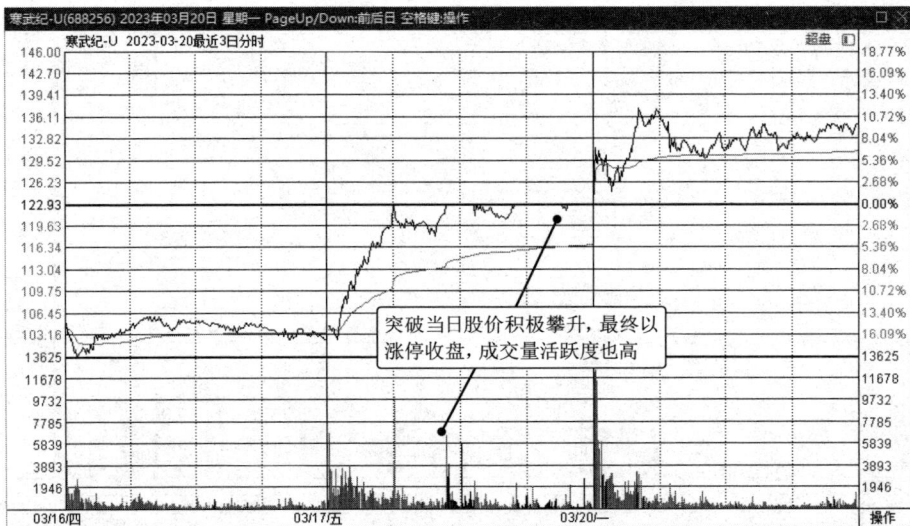

图 5-9　寒武纪 2023 年 3 月 16 日到 20 日的分时图

3 月 16 日是股价仍处于蛤蟆眼线压制下的交易日，当日股价涨势并不积极，后续还有一定的回落。

但到了 3 月 17 日，该股的突兀拉升带给投资者大幅盈利的希望。在开盘后半个小时内，股价在成交量的放量支撑下呈锯齿状上涨，接触到涨停板后小幅回落，数十分钟后继续拉升封板，最终收出一根涨停大阳线。

在这一个交易日内其实就存在很多的买点，无论是涨停之前还是之后，该股都给投资者留下了充足的交易时间。即便没能抓住当日的时机，投资者也可以在次日开板后再跟进，并不会错过太多收益。

从 K 线图中后续的走势可以看到，随着股价涨势的延续，中长期均线的开口越来越大，运行方向也稳定了下来，投资者只要保持持股甚至适当加仓，后续再择高卖出，就可以在短时间内赚取不错的收益。

5.1.4　上山爬坡

上山爬坡指的是在相对稳定的上涨行情中，短期均线和中长期均线沿着一定的坡度往上移动的形态。短期均线可以频繁震荡交叉，但中长期均线要保持足够的稳定，才能形成"坡"，如图 5-10 所示。

技术图示　**上山爬坡的看涨信号**

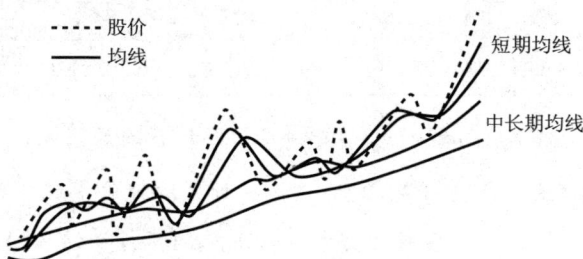

图 5-10　形态示意图

上山爬坡形态不需要股价形成多么规律的波浪，只要中长期均线能够保持稳定上扬，承托在 K 线和短期均线之下，就可以确定形态成立。它意味着市场正长期保持着高度看好状态，若其中能有主力参与的痕迹就更加能证实这一点，属于积极买入信号。

但投资者需要注意观察主力的出货行为，看股价是否真正跌破了中长期均线的支撑。如果是，就需要尽快卖出，避开下跌。

不过在形态稳定构筑期间，投资者还是可以进行看多操作的，比如随着震荡的波浪分段买卖，或是在持有一段时间后统一出手，具体可根据实际情况来判断。

接下来通过实例进行深入学习。

实例分析 石头科技（688169）上山爬坡结束后的不同走势

图 5-11 为石头科技 2023 年 5 月到 12 月的 K 线图。

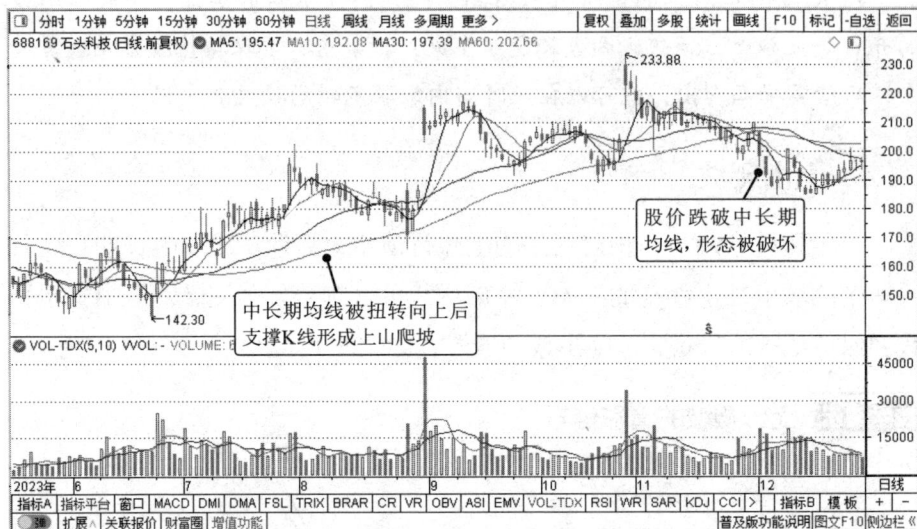

图 5-11 石头科技 2023 年 5 月到 12 月的 K 线图

石头科技的这段上涨开始于 2023 年 6 月底，股价震荡下跌到 142.30 元的位置后反转收阳，数日后成功突破到长期限制其行动的 30 日均线和 60 日均线上方，并在后续的回踩中站稳。这与前期小幅突破后立即回到下方的走势不同，说明一波上涨在即，投资者可尝试跟进。

该股之后近一个月的走势也证实了这一点，股价在震荡中阶梯式上升，于 7 月底冲到接近 200.00 元的位置，涨幅还是非常不错的。而且此时的两条中长期均线已经彻底被扭转向上并承托在 K 线和短期均线下方，形成了上山爬坡形态的雏形。

那么当股价有回调的迹象时，投资者就要注意中长期均线是否能够形成强力支撑，这决定着投资者是否可以继续持有甚至加仓。

在整个 8 月，该股都处于回调之中，并且下跌速度恒定。当其跌破 30 日均线时，一部分投资者需要先行卖出观望，风险承受能力较强的投资者可按兵不动。

当股价踩在 60 日均线上得到支撑回升时，就证明了上山爬坡形态的可靠性，前期卖出的投资者可以重新建仓，一直持有的也可以适当加仓。

这样的走势一直持续到 11 月，股价长期保持在中长期均线上方震荡，期间价格的回调幅度有大有小，投资者也有去有留，但都没有影响到上山爬坡形态的延续，可见其看涨意义还是比较有价值的。

直到 11 月下旬，股价彻底跌破两条中长期均线后回抽不过，才破坏了上山爬坡的形态，同时传递出下跌行情可能即将到来的信息。这时即便是中长线投资者也不建议长久停留。

下面继续来看后面的走势。

图 5-12 为石头科技 2023 年 12 月到 2024 年 8 月的 K 线图。

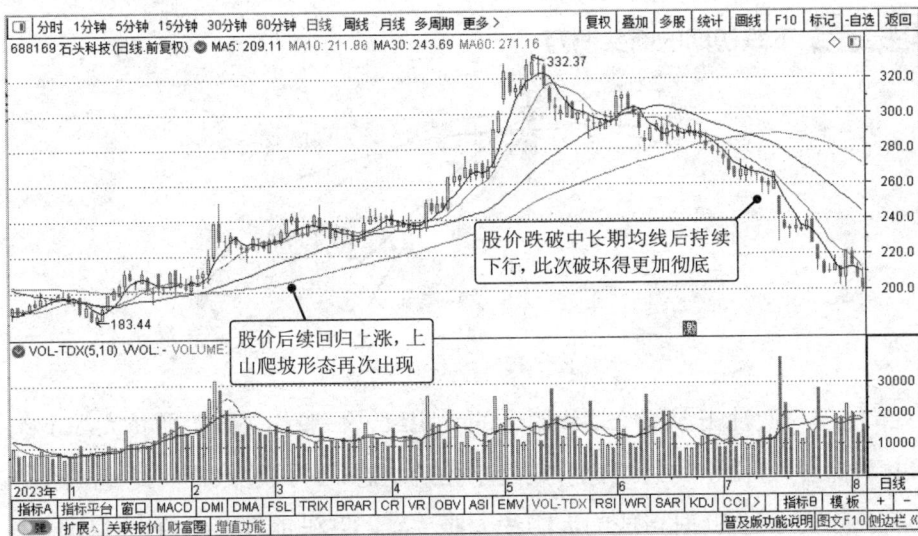

图 5-12 石头科技 2023 年 12 月到 2024 年 8 月的 K 线图

从图 5-12 中可以看到，该股其实在下跌到 180.00 元价位线上方不远处就止跌企稳了，后续更是接连震荡上升，又于 2024 年 1 月初回到中长期均线上方，并带动其扭转向上，形成又一个上山爬坡形态。

由此可见，上山爬坡形态被破坏可能意味着下跌行情的到来，也可能只是因为回调幅度较深而已。不过对于投资者来说，遇到这种情况最好还是先行卖出，毕竟没人能够断言后市一定有反转，待到确定股价真的能够延续前期涨势时，再重新建仓也不迟。

这一次的上山爬坡形态也延续了较长时间，而且股价涨势明显更加稳定，投资者无须频繁进出避险，只需要在K线再次向下跌破中长期均线的同时卖出止损即可。

5.1.5 断头铡刀

断头铡刀指的是当股价在高位盘整后开始逐步下滑，均线组合由前期的上扬转为走平并逐渐黏合在一起。此时出现一根阴线接连跌破均线组合，并在后续持续下跌，带动均线组合由黏合转为空头发散，形成断头铡刀，如图5-13所示。

技术图示 下跌初期的断头铡刀

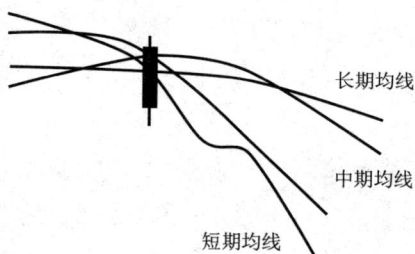

图5-13　形态示意图

能够一次性击穿整个均线组合的大阴线，一般都是股价即将大幅下跌的标志。并且由于均线组合前期处于黏合状态，K线也大概率是走平或小幅震荡的，那么此时形成的大阴线大概率就能跌破前期关键价位线，代表变盘即将来临。

其实，大阴线只需要接连击穿三条均线就可以视作断头铡刀形态成立了，虽然这样的形态信号强度不如全部击穿的断头铡刀强，但依旧可以作为卖出信号使用，投资者需谨慎对待。

接下来通过实例进行深入学习。

实例分析 卓胜微（300782）断头铡刀开启下跌

图5-14为卓胜微2023年10月到2024年4月的K线图。

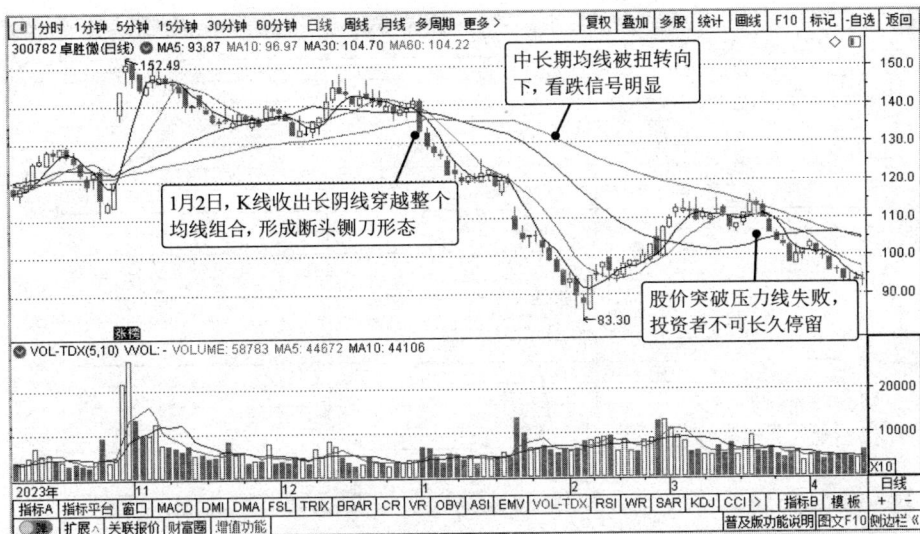

图 5-14　卓胜微 2023 年 10 月到 2024 年 4 月的 K 线图

根据卓胜微这段走势中的中长期均线与 K 线之间的关系来看，在 2023 年 10 月到 12 月，该股其实一直维持着上山爬坡的形态。只是到了后期由于成交量提供的支撑力不足，股价高点逐渐下移，有了向下跌破的迹象，这时投资者就要特别注意了。

12 月初，股价已经小幅跌破 30 日均线，但在 60 日均线上得到支撑，后续回归上涨。显然，此次上涨的高点远不及前期，所以，当股价一步步下滑至 30 日均线附近时，谨慎型投资者就可以先行卖出了。

2024 年 1 月 2 日，K 线在接触到 30 日均线后突然收出一根实体极长的阴线，自上而下跌破了整个均线组合，形成断头铡刀形态。这就是对前期下跌信号的极佳证明，下面通过其分时走势进一步观察市场异动。

图 5-15 为卓胜微 2023 年 12 月 29 日到 2024 年 1 月 3 日的分时图。

图 5-15 为断头铡刀形态出现前后三日的股价走势，从图 5-15 中不难看出下跌当日股价跌速与前日的对比，成交量在开盘后的多次集中放量也说明市场中大概率有主力在压制，使得价格下跌。

那么反应快的投资者就应该在下跌当日及时卖出止损，若有投资者没注意到这一次快速下跌，也需要在后续抓住机会止损，否则就有可能被深套其中。

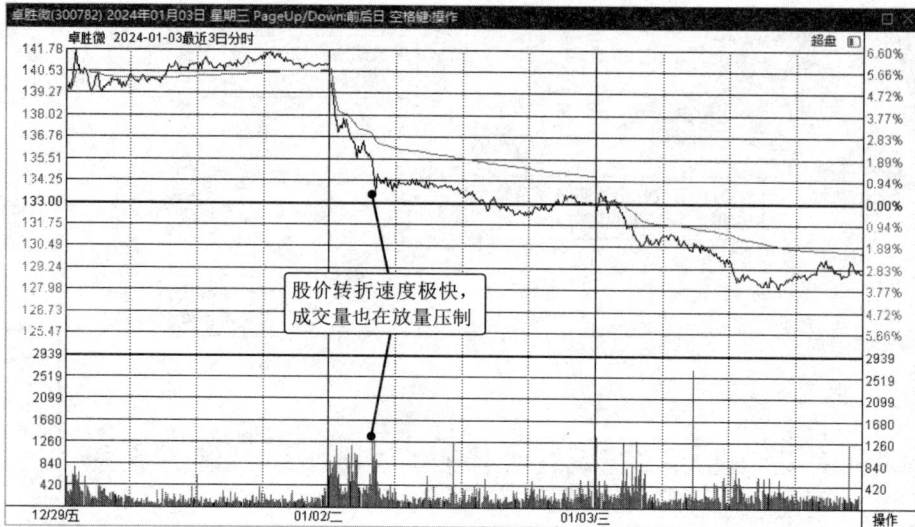

图 5-15 卓胜微 2023 年 12 月 29 日到 2024 年 1 月 3 日的分时图

5.1.6 倒挂老鸭头

倒挂老鸭头由三条均线和 K 线共同构成，一般形成于下跌趋势的初期，主要由鸭脖、鸭头顶、鸭眼睛、鸭下巴和鸭嘴形成，如图 5-16 所示。

技术图示 下跌初期的倒挂老鸭头

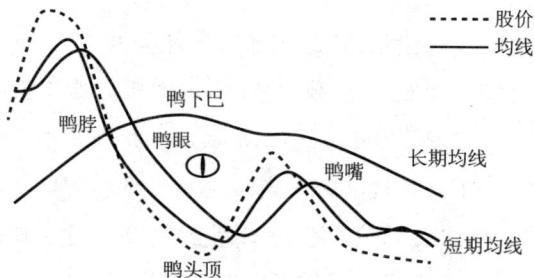

图 5-16 形态示意图

倒挂老鸭头的形态需要经历多个步骤，具体如下：

①股价先是从高位滑落，带动短期均线构筑出死叉后继续下行，跌破长期均线，形成鸭脖。

②当股价落到某一位置后反弹，形成鸭头顶；K 线与长期均线之间的

空隙为鸭眼睛；走平的长期均线为鸭下巴。

③股价反弹还未接触到长期均线就拐头继续下行，导致短期均线再次形成死叉，鸭嘴形成。此时整个倒挂老鸭头成立，卖出信号发出。

形态说起来复杂，但其实就是股价从高位滑落后反弹突破失败形成的，且反弹的高点不能向上接触到长期均线，否则鸭嘴无法构筑。

一般来说，用于构筑倒挂老鸭头的长期均线选的是稳定性较好，滞后性也不算太强的 60 日均线。如果投资者有需要，也可以替换为其他适合自己的均线，但注意不要太过极端。

倒挂老鸭头构筑期间的卖点很多，比如第一个死叉的位置、鸭脖、鸭嘴等都可以。如果投资者接连错过前面两个卖点，当股价反弹不过形成鸭嘴时，即便是惜售型投资者也要撤离。

接下来通过实例进行深入学习。

实例分析 新安洁（831370）倒挂老鸭头确认下跌

图 5-17 为新安洁 2023 年 11 月到 2024 年 5 月的 K 线图。

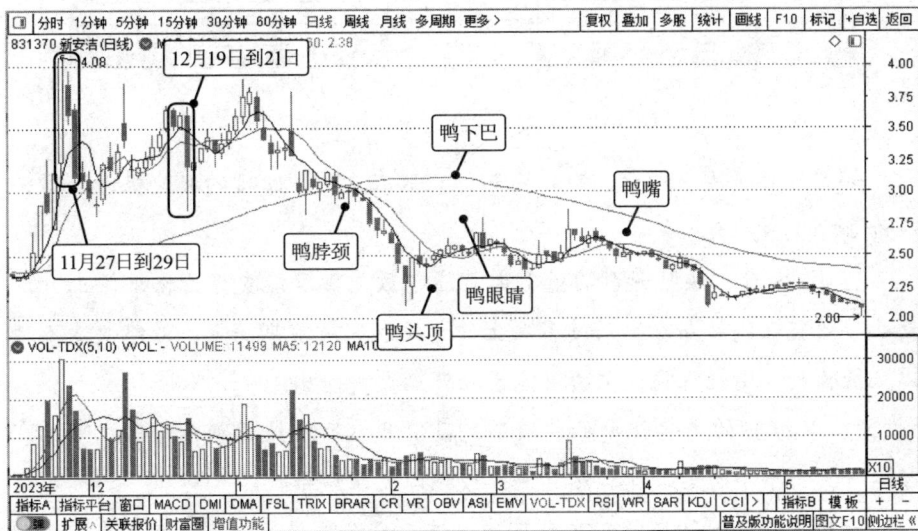

图 5-17　新安洁 2023 年 11 月到 2024 年 5 月的 K 线图

2023 年 11 月底，新安洁的股价正处于快速上涨阶段，短短数日内价格就从 2.25 元价位线附近上冲至 4.00 元价位线上方，再加上下方成交量的突兀集中放量，明显是主力发力所致，因此，要警惕其出货行为。

而正是在股价创出近期新高之后两日，K线反转收出连续的大阴线，可能意味着反转形成，下面投资者进入分时图中仔细观察。

图 5-18 为新安洁 2023 年 11 月 27 日到 29 日，以及 12 月 19 日到 21 日的分时图。

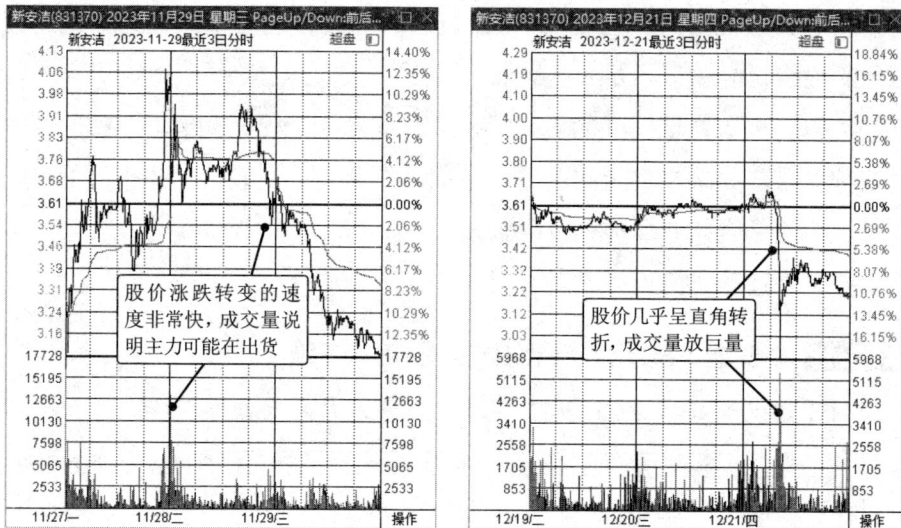

图 5-18　新安洁关键交易日的分时图

如图 5-18（左）所示，可以看到，该股在 11 月 27 日的涨速极为迅猛，股价多次直线拉升。

11 月 28 日，该股开盘后虽有大量能释放，但没能支撑价格继续上升，反而导致其在高处滞涨，后续多次上冲都没能突破前期高点，最终快速下跌以低价收盘。由此可见，主力可能已经开始大批卖出。

11 月 29 日的走势就更加危险了，股价开盘后就被压制在均价线下方震荡运行，一个小时后跌速骤然加快，最终以大阴线报收。

无论是在分时图还是在K线图中，这三日涨跌趋势转变的速度非常快，大概率是主力出货或是震仓导致的，谨慎型投资者要注意止盈卖出，惜售型投资者也要适当减仓。

继续回到 K 线图中观察后面的走势，投资者此时已经确定市场中有主力在参与，并且可能已经进入出货阶段，那么在发现股价后续还能继续上涨，但始终不过前期高点时，更要谨慎持股，注意随时可能到来的反转。

12 月 21 日，股价突然快速下跌收出长阴线，可能是下跌预示。如图 5-18（右）所示，可以看到，12 月 19 日到 20 日该股还在稳定横向震荡，这就显得 12 月 21 日的跳水下跌更加不同寻常，成交量的单根放量证实主力可能又在大批出货。因此，即便后续股价还能止跌上涨，投资者也不能继续跟进了，反而应当减仓或清仓，以出局观望为佳。

2024 年 1 月初，股价再次上涨突破前期高点失败后迅速拐头向下，一路跌至 60 日均线附近才稳住。数日之后，股价彻底将该支撑线跌破并加速下跌，强烈的卖出信号出现。

2 月初，股价在 2.25 元价位线附近止跌并反弹，但由于成交量的缩减，股价反弹幅度不大，没能接触到 60 日均线便再次下跌。

这时投资者完全可以绘制出一个清晰的倒挂老鸭头形态，跌破 60 日均线形成的鸭脖子、60 日均线跟随扭转向下形成的鸭下巴、股价止跌回升时的鸭头顶、回升期间 K 线与 60 日均线之间的鸭眼睛及最后股价下跌与 60 日均线形成的鸭嘴都已经出现。结合前面分析出的主力出货撤离信息来看，还未离场的投资者要抓紧时间了。

5.1.7　下山滑坡

下山滑坡与上山爬坡相对应，指的是在股价下跌过程中，中长期均线稳定压制在短期均线和 K 线之上，短期均线则跟随股价的变动而不断上下震荡，形成类似波浪形的下跌趋势，如图 5-19 所示。

下山滑坡形态的关键研判点在于中长期均线是否能够起到稳定压制作用。在形态的构筑过程中，股价应当大部分时间都位于中长期均线之下，就算偶有突破，也不能在其上方停留太久。

当然，如果股价有彻底突破中长期均线，并将其扭转向上的迹象，就说明趋势可能正在向上转向，市场有回暖的可能。

对于短线投资者来说，下山滑坡期间虽有获利机会，但在反弹幅度较小的情况下，风险与收益不太匹配，经验不足的投资者还是不要参与。而一旦股价向上扭转中长期均线，就是一个比较明确的抄底介入点。

对于中长线投资者来说，下山滑坡构筑期间也不适合介入操作，除非 K 线彻底突破中长期均线的压制进入上涨行情或是强势反弹，中长线投资者才有买入的机会。

技术图示 下跌成型后的下山滑坡

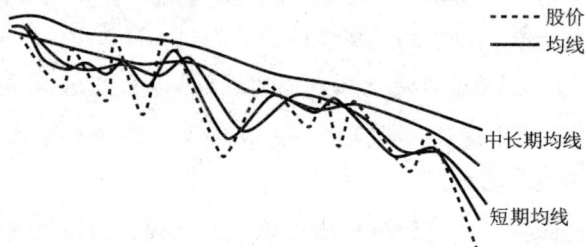

图 5-19　形态示意图

如图 5-19 所示，下山滑坡一般是对被套投资者的警示，提醒投资者及时止损出局。如果有投资者判断失误，在不恰当的位置建仓入场了，也要在发现下山滑坡形态后及时卖出，避免损失进一步扩大。

接下来通过实例进行深入学习。

实例分析 同辉信息（430090）下山滑坡的开启与结束

图 5-20 为同辉信息 2023 年 11 月到 2024 年 6 月的 K 线图。

先来看同辉信息前期的上涨，在 2023 年 11 月底到 12 月，股价长期保持在中长期均线上方震荡，高点逐步上移，整体看来是向好的上山爬坡形态。

但投资者只要仔细观察下方的成交量就会发现，随着股价不断创出新高，量能高点持续走平，二者形成了高位量平价涨的背离。这种背离往往意味着市场推涨动能不足，股价涨势难以为继，是投资者需要警惕的信号。

而且在 12 月上旬，股价上涨至 6.00 元价位线附近后滞涨横盘，最终收出一根长阴线下跌，形成的是塔形顶反转形态。尽管股价此后并未彻底转入下跌行情，但也与成交量配合形成了看跌共振，谨慎型投资者最好卖出止盈，避开高位被套的风险。

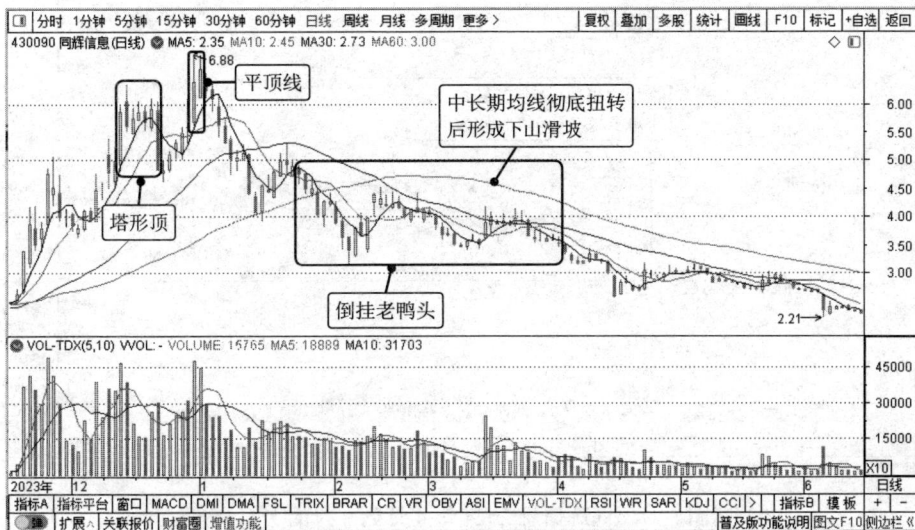

图 5-20　同辉信息 2023 年 11 月到 2024 年 6 月的 K 线图

12 月底，股价重拾升势，但在上涨到接近 7.00 元价位线后收出两根带有长上影线的阳线，高点十分接近，属于平顶线反转形态，再次向投资者传递出卖出信号。

那么当股价连续收阴下跌并击穿 30 日均线时，投资者就需要迅速止损离场。惜售型投资者在发现 60 日均线也在不久后被跌破，上山爬坡形态被破坏时，也不能继续停留了。

从后续的走势中可以看到，该股很快将两条中长期均线扭转向下并覆盖在 K 线和短期均线上方，K 线多次反弹突破无果，构筑出下山滑坡形态。在此期间，投资者就不要轻易介入。

下面来看一下后续股价回升破坏下山滑坡形态的买入时机。

图 5-21 为同辉信息 2024 年 4 月到 9 月的 K 线图。

从图 5-21 中可以看到，到了 2024 年 6 月初，该股已经跌到 2.50 元价位线下方，给被套投资者造成了很大损失。不过在创出新低之后，股价就在 2.20 元价位线上企稳横盘，最终以一根大阳线向上突破 30 日均线的压制，形成了一个塔形底反转形态。

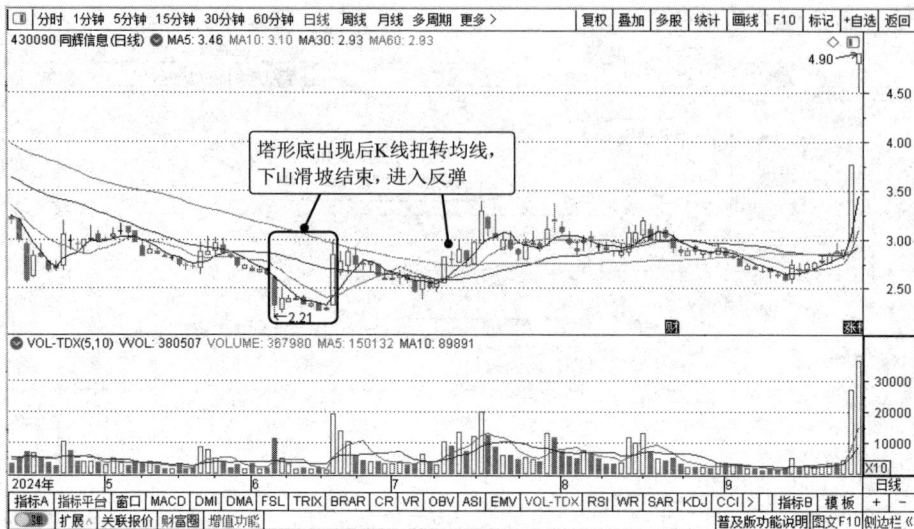

图 5-21　同辉信息 2024 年 4 月到 9 月的 K 线图

显然这是股价可能见底回升的信号，但由于 60 日均线还未被突破，想要跟进或借高解套的投资者还需要等待。

7 月初，股价终于在回调一段时间后成功突破 60 日均线，彻底破坏下山滑坡形态的同时也预示出买入信号，投资者可根据自身情况决定是否建仓。

5.2　K 线配合趋势线使用

严格来说，趋势线其实不能算是一个技术指标，而应当是一种技术分析方法，因为它需要投资者自行分析及手动绘制。但由于其具有变动灵活、准确度高的优点，趋势线的研判效果与许多技术指标不相上下，因此被股市投资者广泛使用，对于各种风格的投资者来说都有很强的辅助效果。

不过在学习趋势线指标的操作要点之前，投资者先要学会如何正确绘制趋势线。

5.2.1　趋势线与趋势通道的绘制

趋势线主要分为上升趋势线和下降趋势线，具体形成位置和绘制过程如下：

①上升趋势线形成于上涨行情之中。投资者连接任意两个低点向上延伸形成一条初步的支撑线，当第三个低点也落在该线上时，这条支撑线就可以被称作上升趋势线，股价第三次落点的过程也是确认上升趋势线有效性的必经过程。

②下降趋势线是在下跌行情中绘制的。投资者连接任意两个高点向下延伸形成一条初步的压力线，当第三个高点也接触到该线时，这条压力线就可以被称作下降趋势线，股价第三次反弹接触到趋势线的过程就是在确认其有效性。

在绘制成功的趋势线基础之上，若条件允许，投资者还可以绘制出上升趋势通道和下降趋势通道。

其中，在上升趋势线确认有效的情况下（有时候第三次落点还未确定时，投资者就可以开始尝试绘制了），以最近的高点作为基点作出上升趋势线的平行线，形成的一个平行向上的通道就是上升趋势通道，如图 5-22（左）所示。

而在下降趋势线确认有效，或者即将确认有效的情况下，以最近的低点作为基点，作出下降趋势线的平行线，形成的一个平行向下的通道就是下降趋势通道，如图 5-22（右）所示。

技术图示　**上升趋势和下降趋势通道**

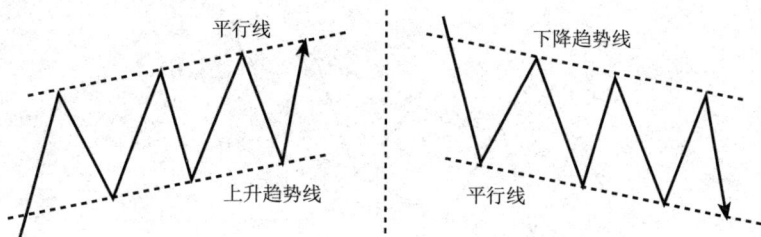

图 5-22　形态示意图

一般来说，趋势通道能够在一定程度上限制股价的波动范围，也就能够为波段操作投资者提供一定的买卖建议。

当然，股价并不会一成不变地待在趋势通道之内。当其发生强烈的向上或向下变盘，或者是脱离原有运行趋势横向波动变化时，很可能会对趋势线形成突破或跌破。这时候投资者就要根据实际情况来判断是否能够对其进行修正。

若修正成功，投资者依旧可以按照原有操作策略进行买卖；若修正失败，投资者就要考虑股价是否会形成彻底的转势，或者短时间内是否还适宜买卖。

下面就来看一下上升趋势通道和下降趋势通道如何进行修正，以及如何使用这些通道进行买卖。

5.2.2　上升趋势通道的操作与修正

对上升趋势线和上升趋势通道的修正并不难。以向上的修正为例，如果股价在某一时刻突然加速上涨，低点并没有落到原有上升趋势线上，而是向上移动了一段距离，投资者就需要将该低点与上一个低点相连，作出一条新的上升趋势线，然后再以最近的高点为基点作出平行线，等待下一个落点的到来。

如果下一个落点能够落在新的上升趋势线上，那么修正就已经完成，投资者可以使用新的上升趋势通道，如图 5-23 所示。

技术图示　修正上升趋势通道

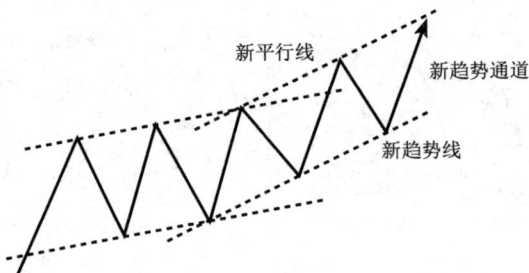

图 5-23　形态示意图

如果下一个落点依旧没能落在新的上升趋势线上，或是重新跌到原有上升趋势线附近，投资者就要考虑是否继续对其进行修正，或者分析此次的异常波动是否出于偶然。

此时细心的投资者可能已经发现了，趋势通道是否可以修正是有条件的。在上升趋势通道中，如果股价的落点没有出现在预定的位置，但明显是高于上一个低点的，那么该通道还有修正的可能；如果股价低点直接跌破了前一个，那么趋势很可能会发生逆转或形成回调，这时候投资者就无法将其修正，而是要进入反转分析之中。

接下来通过实例进行深入学习。

实例分析 **寒武纪（688256）上升趋势通道的买卖点**

图 5-24 为寒武纪 2024 年 3 月到 9 月的 K 线图。

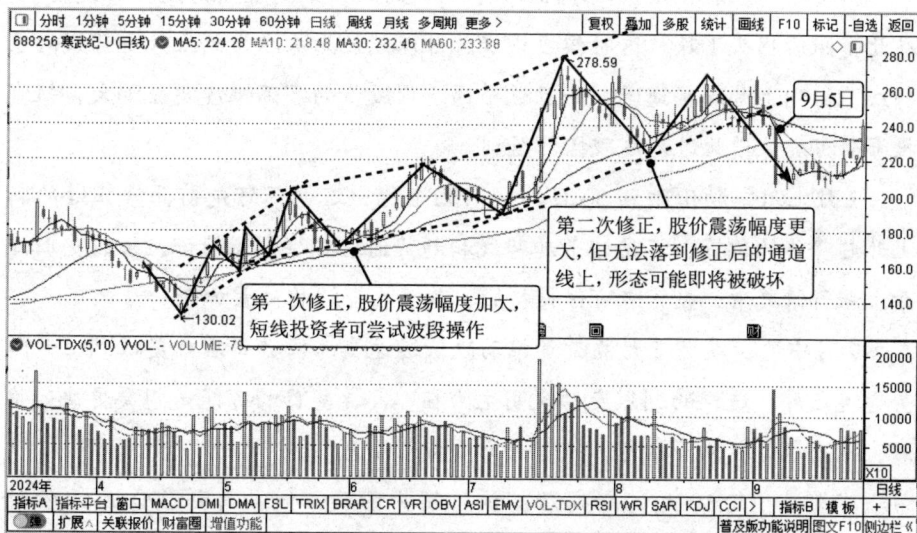

图 5-24　寒武纪 2024 年 3 月到 9 月的 K 线图

根据图 5-24 中所包含的信息来看，寒武纪在这段时间内是处于上涨行情之中的，并且因为前期股价震荡幅度就比较大，很适合绘制趋势线，所以投资者可以尝试着在股价重拾升势之后使用趋势通道来判断后市走向。

4 月下旬到 5 月中旬，股价从最低 130.02 元的位置回升，随后震荡上涨，期间的高点和低点渐次上移，比较有规律性，投资者就可以以 130.02 元处和 5 月上旬股价回调的低点为基准绘制出一条待验证的上升趋势线，再以上涨的第一个高点为基准绘制平行线，得到一个待验证的上升趋势通道。待到下一个点踩在趋势线上，该通道就具有了较强的看涨意义。

　　第三个点来得很快，数日后股价就再次回调并精准落在上升趋势线上，说明上涨趋势得到肯定，投资者可借此机会建仓介入。

　　股价的下一个高点也落在上升趋势通道上边线附近，但后续股价却跌破了上升趋势线。这可能是该股即将进入深度回调的预兆，也可能是上升趋势通道需要进行适当修正的信号，具体情况还需要投资者继续观察。

　　5 月底，股价跌到 60 日均线上企稳横盘，低点没有跌破上一个，说明还有被修正的可能。那么以 5 月中旬的低点和当前的低点为基准，可以绘制出一条待验证的新上升趋势线，随后静待发展。

　　6 月初，股价开始逐步向上攀升，一段时间后来到 220.00 元价位线附近，在此受阻后拐头下跌。这时候投资者就可以以此为基准绘制上升趋势线的平行线，得到上升趋势通道。而且这个通道内股价的震荡幅度明显加大，短线投资者可尝试借此进行波段操作盈利。

　　7 月上旬，股价跌到 30 日均线附近企稳，这也正好是前面修正过的新上升趋势线的位置，可见这条趋势线和趋势通道都得到了验证，该股仍旧处于上涨行情之中，投资者可保持持股，甚至在合适的位置加仓。

　　7 月中旬，成交量大幅放量推动股价迅速上涨，数日后就突破到上升趋势通道之外。这样的剧烈变动说明主力在参与，其目的可能是想要更快地推涨，也可能是在诱多出货，投资者需要特别注意。

　　在创出 278.59 元的新高后，该股拐头下跌，低点落到 220.00 元价位线上，明显高于第一次修正后的上升趋势线。因此，投资者可以对其进行再次修正，即以 7 月和这一次的低点为基准绘制新的上升趋势线，再以创出新高的高点为基准绘制平行线，得到第二次修正后待验证的上升趋势通道。

　　修正之后，股价继续上涨，但高点在 260.00 元价位线上就受阻停滞，后续更是接连下跌，有彻底跌破上升趋势线的迹象。

　　这样一来，第二次修正后的上升趋势通道不能成立，股价跌破趋势线的走势也进一步证明该股可能即将迎来下跌，谨慎型投资者需要卖出。而惜售型投资者在发现股价于 9 月 5 日收出长阴线跌破中长期均线时，也需要及时撤离止损。下面来看下跌当时主力出货的情况。

图 5-25 为寒武纪 2024 年 9 月 4 日到 5 日的分时图。

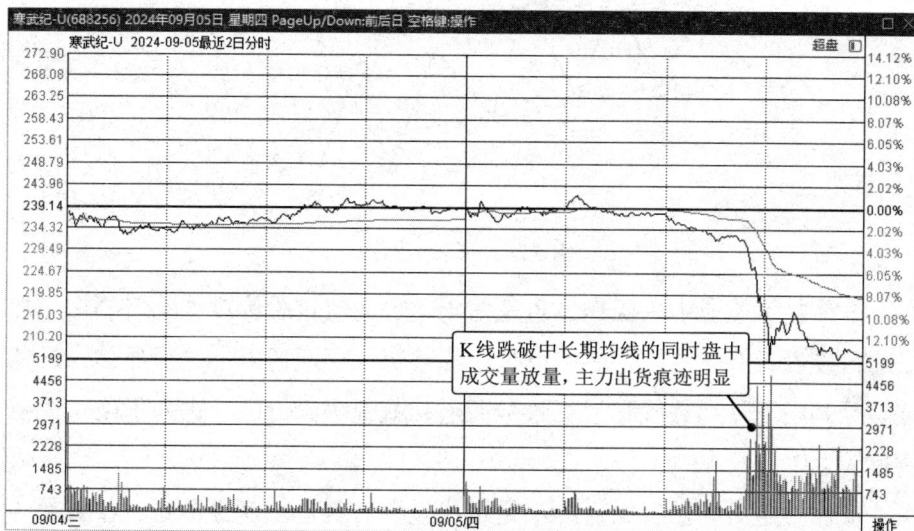

图 5-25　寒武纪 2024 年 9 月 4 日到 5 日的分时图

9 月 4 日的股价还处于横向震荡之中，包括在 9 月 5 日午盘之前，该股都只是与均价线纠缠。但在 9 月 5 日下午时段开盘后不久，该股就呈现出剧烈的跳水下跌，成交量也在集中放量，明显是主力大批抛售所致，看跌信号极为强烈，此时还未撤离的投资者要抓紧时间。

5.2.3　下降趋势通道的破位与修正

下降趋势线和下降趋势通道的修正可以类比上升趋势线和上升趋势通道。如果股价在某一时刻突然加速下跌，高点并没有落到原有下降趋势线上，而是向下移动了一段距离，投资者就需要将该高点与上一个高点相连，作出一条新的下降趋势线，然后再以最近的低点为基点作出平行线，等待下一个落点的到来。

如果下一个落点能够落在新的下降趋势线上，那么修正就已经完成，投资者可以使用新的下降趋势通道，如图 5-26 所示。

技术图示 修正下降趋势通道

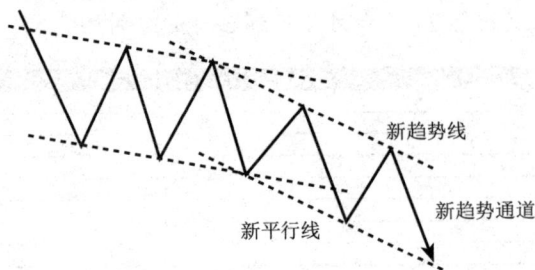

图 5-26　形态示意图

下降趋势通道中的操作点也是基于趋势通道对股价波动的限制作用形成的，投资者首先需要绘制的就是下降趋势线和通道。不过很显然，既然能够绘制出下降趋势线和下降趋势通道，就说明股价已经进入了稳定的下跌行情之中。

在这种走势中进行操作的不是短线投资者就是被套投资者，或者是一些喜欢在这种高压环境中操作的风险偏好者。这部分投资者虽然对风险的承受能力较强，但依旧不能盲目买卖，还需借助下降趋势通道和修正通道进行理性分析。

接下来通过实例进行深入学习。

实例分析 香农芯创（300475）下降趋势通道的买卖点

图 5-27 为香农芯创 2024 年 3 月到 9 月的 K 线图。

香农芯创 2024 年 3 月底之前的走势涨势迅猛，短期涨幅也十分可观，场内有大量追涨盘等待兑利。

3 月底，在创出 45.99 元的新高后，股价以极快的速度转折向下跌到 30 日均线附近，在此得到支撑后回转向上，但依旧没能突破前期高点，而是在后续彻底跌破 30 日均线，进入下跌走势之中。

这时候，投资者可以看出股价的高点正在下移，低点也落到了 60 日均线附近，有绘制下降趋势通道的条件。那么以 45.99 元的高点和后续上冲未破的高点为基准绘制一条斜向下方的下降趋势线，再以股价第一次落到 30 日均线上方的低点为基准绘制平行线，即可得到一个待验证的下降趋势通道。

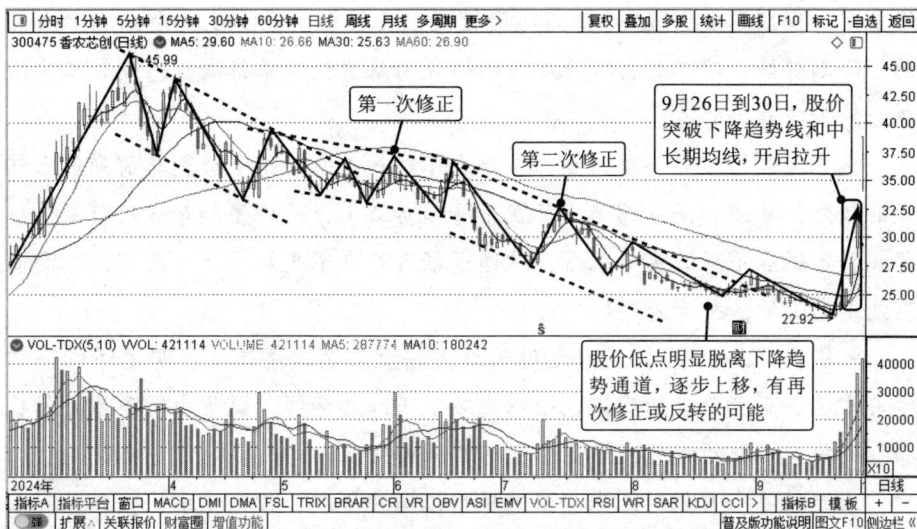

图 5-27 香农芯创 2024 年 3 月到 9 月的 K 线图

很快股价在 60 日均线上反弹，高点精准落在下降趋势线上，确定其有效性的同时也证实了下跌行情的到来，场内投资者需要及时卖出止损。

不过在跌破 60 日均线之后，股价的下一个低点明显上移，落到 35.00 元价位线下方不远处，没能踩在通道下边线上，不过高点还是在下降趋势线附近，所以投资者还不着急进行修正。

6 月初，股价反弹的高点越过了下降趋势线的范围，因此，投资者需要考虑修正下降趋势通道。

需要注意的是，因为股价在 5 月初就出现了低点上移的情况，所以，投资者最好以上一个准确落在下降趋势通道内的高点为基准进行修正，即 4 月底股价跌破 60 日均线之前的高点。将其与 6 月初的高点相连得到新的下降趋势线，以 5 月初的低点为基准绘制平行线，得到新的下降趋势通道。

从后续的走势可以看到，该股在 6 月中旬进行的反弹高点正是在新下降趋势线上止涨，因此，这个下降趋势通道也是成立的。这时许多在前面上涨过程中盈利的投资者应当已经卖出，还在持股的很多投资者都希望通过反弹获利，这部分投资者要注意控制风险，借助趋势通道把握买卖点位。

继续来看后面的走势。股价在验证下降趋势通道的有效性后就拐头下跌，数日后彻底跌破通道下边线，进入新的通道内。这时投资者又需要开始修正了，当股价反弹至 30 日均线附近时，连接该高点和上一个高点形成新的下降趋势线，以 7 月初股价止跌的位置为基准绘制平行线，得到第二次修正后的下降趋势通道。

然而该股后续的下跌低点并未踩在下边线上，而是上移到与前期低点相近的位置，反弹的高点倒是能落在下降趋势线上，验证了趋势线的有效性。根据股价低点平移的走势来看，该通道很可能在不久之后产生变盘，方向有可能是向上的，投资者要静待时机。

8 月底，股价跌到 25.00 元价位线上横盘震荡，离下降趋势通道的下边线非常远，而且后续的反弹也小幅突破了下降趋势线，说明市场多方开始反推，股价有上涨的希望，投资者可对其保持关注。

在后续半个月的时间内，虽然股价依旧在下跌，但跌速不快，且一直在下降趋势线上方运行。9 月底，成交量突然开始集中大幅放量，导致股价急速攀升，收出数根长阳线彻底突破中长期均线的压制，同时也彻底突破了下降趋势通道。下面来看这几日的分时走势。

图 5-28 为香农芯创 2024 年 9 月 26 日到 30 日的分时图。

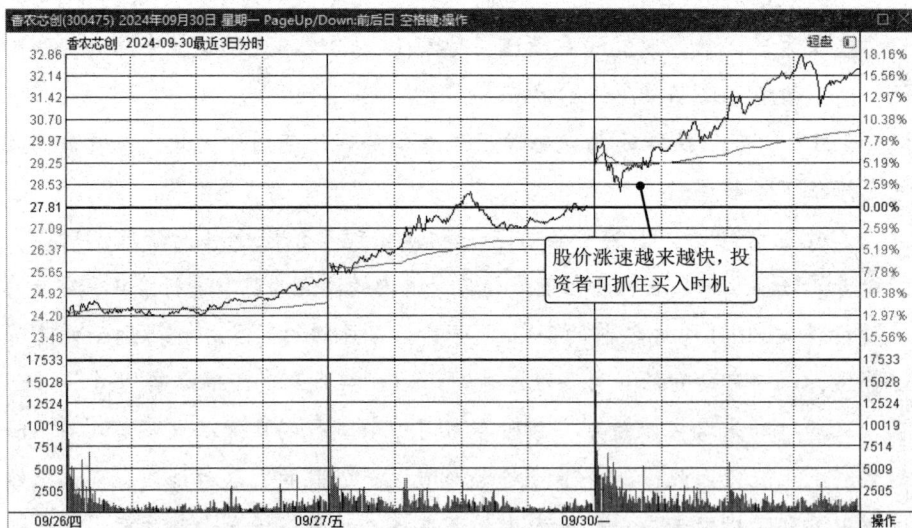

图 5-28　香农芯创 2024 年 9 月 26 日到 30 日的分时图

9 月 26 日是股价上涨开启后小幅穿越 30 日均线的交易日，从图 5-28 中可以清晰观察到股价涨速由缓至快的过程，而且成交量在开盘后就有明显异动，只是没有第一时间带动价格快速上涨，而是循序渐进地拉高。

在 9 月 27 日和 9 月 28 日，该股依旧维持着积极上升，涨速逐日加快，成交量活跃度也在提高，说明市场正在积极参与，大量追涨盘介入，希望借此机会实现短期盈利。再加上前期下降趋势通道彻底被破坏，当前看涨信号强烈，投资者可以选择跟随入场。

5.3　K 线和成交量综合分析

相信经过前面大量案例的学习，投资者已经对成交量有所了解了，它是默认叠加在 K 线图下方的副图指标，每一根量柱代表着当日个股的成交数，其变化反映了当日资金进出市场的情况，是判断市场走势变动、涨跌延续性的重要指标之一。

基于成交量和股价之间的供需关系，衍生出了一种量价理论，它指的是九种经典的量价配合和背离关系，包括量增价涨、量缩价跌、量平价平三种配合关系，以及量增价跌、量增价平、量缩价涨、量缩价平、量平价涨、量平价跌六种背离关系。每种量价关系形成于不同的位置时，传递出的信号性质和强度都有所不同，投资者需要特别关注并学习。

5.3.1　量价配合状态

量价配合包括量增价涨、量平价平、量缩价跌三种，如图 5-29 所示。

技术图示 **量增价涨（左）量平价平（中）量缩价跌（右）**

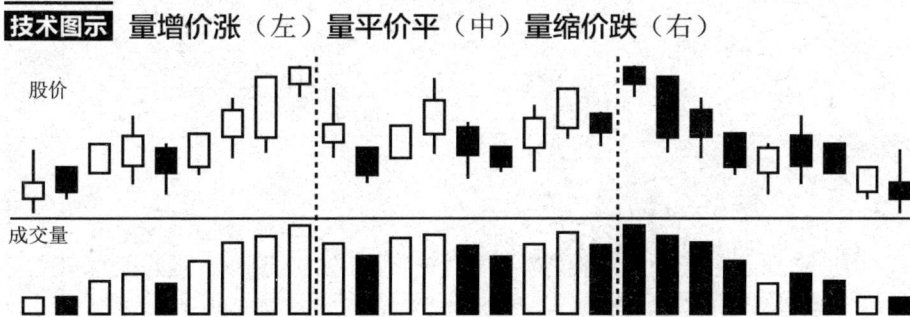

图 5-29　形态示意图

从量价配合形态的示意图可以看到，量价配合其实就是指成交量的放大、走平和缩减对应股价的上涨、横盘和下跌，二者运行方向相同。

这样的量价配合走势在行情发展中是最为常见的，投资者要学会在不同的位置分析量价配合的含义。

每种配合状态传递出的含义如下。

①量增价涨：量增价涨是上涨趋势的主要推动形态，无论其形成于行情的何种位置，短时间内的买入信号都是可以确定的。只是在下跌反弹期间和行情、阶段见顶前夕出现的量增价涨，其信号强度和可靠度会降低。

②量平价平：量平价平一般是市场短时间内交投不热烈造成的，上下方都没有充足的动能导致股价形成明显的趋势性走向，市场倾向于观望。

③量缩价跌：量缩价跌是下跌行情中的主要推动形态，也是上涨途中股价回调过程中的常见形态。量缩价跌一旦出现，短时间内的下跌趋势就难以避免，短线投资者最好暂避其锋芒，以离场为佳。

接下来通过实例进行深入学习。

实例分析 **深信服（300454）震荡行情中的量价配合**

图 5-30 为深信服 2022 年 10 月到 2023 年 1 月的 K 线图。

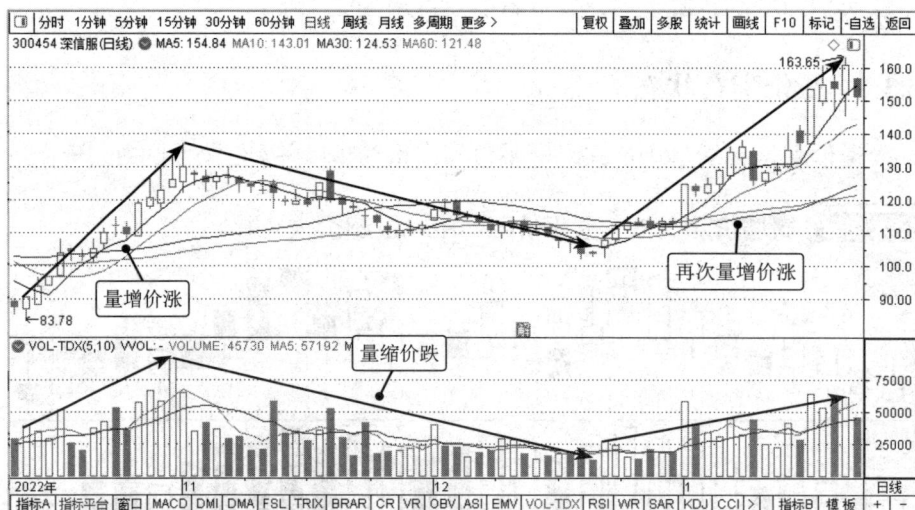

图 5-30　深信服 2022 年 10 月到 2023 年 1 月的 K 线图

从图 5-30 中可以看到，深信服的股价处于上涨行情之中，只是股价震荡幅度比较大。在波动过程中，成交量与股价呈现出了多样化的配合状态。

先是 2022 年 10 月，股价刚从低位回升并逐步突破中长期均线的压制，在此期间伴随着成交量的放量，形成量增价涨的积极看涨信号。

不过在整段上升过程中，量能并非逐日连续放量，而是间歇性放大，高点整体上移。期间的小幅回缩只要持续时间不长，就不会影响到量增价涨形态的积极性，投资者也可以借机跟进。

在小幅越过 130.00 元价位线后，股价见顶下跌，缓慢但稳定地朝着中长期均线运行。与此同时，成交量也出现了间歇性的缩放，但高点整体在下移，因此，形成的是量缩价跌的看跌配合形态，警示投资者卖出观望。

到了 12 月中旬，股价在 100.00 元价位线上得到支撑后再度上涨，成交量也配合放量，尽管量柱高度不如 10 月，也依旧能传递出短期看好信号，投资者可重新建仓持股。

下面继续来看后面的走势。

图 5-31 为深信服 2023 年 1 月到 5 月的 K 线图。

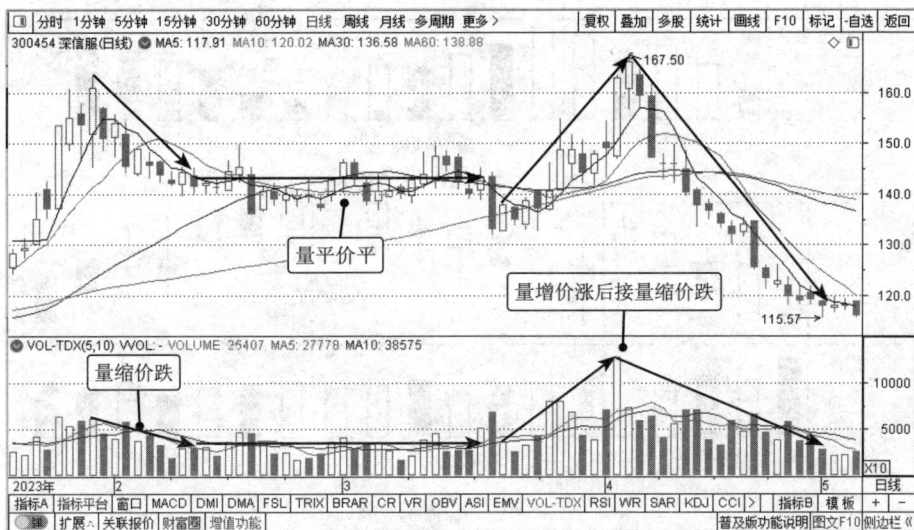

图 5-31　深信服 2023 年 1 月到 5 月的 K 线图

这一波上涨到 2023 年 1 月底才结束，股价在 160.00 元价位线上受阻后下跌，同样伴随着成交量的缩减。不过在跌到 140.00 元价位线上后，股价开始横盘震荡，期间成交量也在缩减至某一位置后高点走平，呈现出量平价平的配合状态。这往往意味着买卖双方正在进行角逐，意图决定后市发展方向，投资者需要暂时静观其变。

3月中旬，变盘来临，K线收出一根长阴线跌到60日均线附近，看似是向下转折，但由于60日均线的支撑力充足，股价很快转折向上形成拉升，成交量也配合放量，传递出短期看涨信号，投资者可跟进。不过待到股价再次见顶下跌，成交量缩减时，投资者就要迅速卖出止盈了。

5.3.2　量价背离状态

量价背离状态包括量增价平、量缩价平、量增价跌、量缩价涨、量平价涨和量平价跌六种，如图5-32所示。

技术图示 **六种量价背离形态**

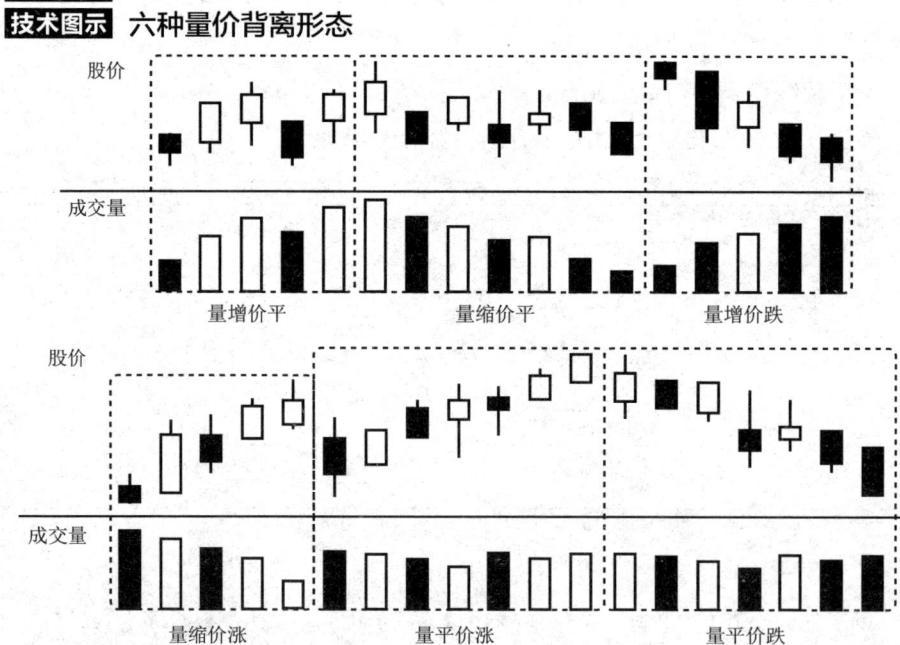

图5-32　形态示意图

量价背离其实就是股价与成交量的运行方向不一致的情况。其中，量增价跌和量平价跌都是在股价下跌过程中形成的，大部分时候发出的都是卖盘压价、短期看跌的预警信号，比如在下跌行情初期、下跌途中、上涨回调过程中等，只是量增价跌的预警意义更加有效和可靠。

量缩价涨与量平价涨则是在股价上涨过程中形成的量价背离，很多时候都是股价上涨缺乏动力，价格即将见顶走弱的表现，在上涨高位和反弹高位尤其常见。

量增价平与量缩价平形成于股价走平或在某一价格区间内小幅震荡的过程中，说明市场中的助涨和助跌动能暂时维持住了平衡。但随着量能的持续增长或缩减，股价走平的状态也无法维持太长时间，变盘来临时投资者要注意根据方向买卖。

不过，在一些特殊的位置，这些形态还可能释放出截然不同的信号。

接下来通过实例进行深入学习。

实例分析 **惠伦晶体（300460）震荡行情中的量价背离**

图 5-33 为惠伦晶体 2023 年 5 月到 11 月的 K 线图。

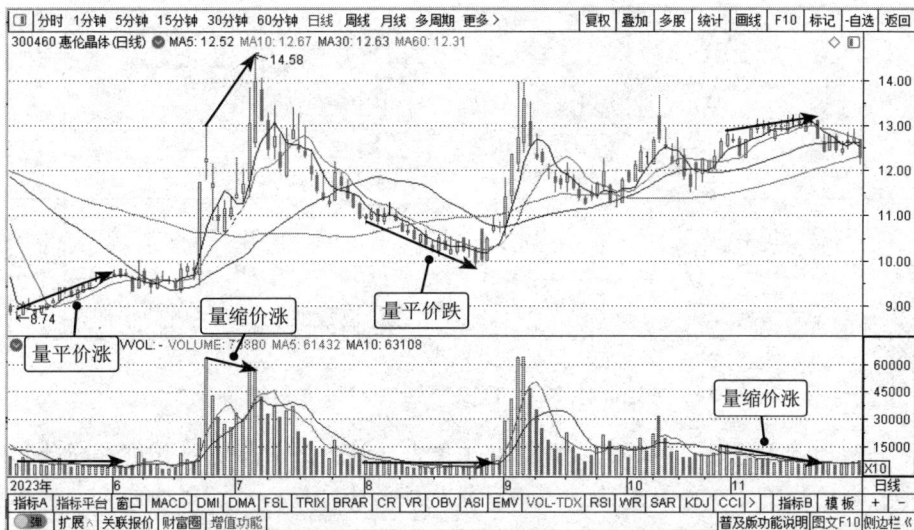

图 5-33　惠伦晶体 2023 年 5 月到 11 月的 K 线图

如图 5-33 所示，惠伦晶体的震荡幅度较大，成交量也在频繁缩放，这时候投资者就要注意其中包含的量价背离形态了。

2023 年 5 月，股价在低位企稳后缓慢回升，但是成交量没有配合放量，而是整体走平，形成量平价涨的背离。这种上涨初期的量平价涨往往意味着股价经历了长期的下跌，盘中经过沉淀后交投相对冷淡，所以股价从底部反弹的过程并不需要太大的量能，属于看涨信号。

再看股价突破中长期均线后的拉升过程，股价高点是有明显上移的，但成交量高点却反而下移，形成量缩价涨的高位背离。再加上K线基本上都带有较长的上影线，市场可能推涨动能不足，即将面临下跌。

果然股价很快拐头向下，跌到某一位置后减缓跌速，成交量却逐渐走平，形成量平价跌的背离。这是投资者需要保持观望等待变盘的信号，从后续的走势来看，变盘方向是向上的，那么投资者就可以建仓或加仓。

下一个比较明显的背离是在11月，股价缓慢上升的同时成交量缩减，形成的量缩价涨释放出与前期一样的上涨乏力信号。

图5-34为惠伦晶体2023年12月到2024年6月的K线图。

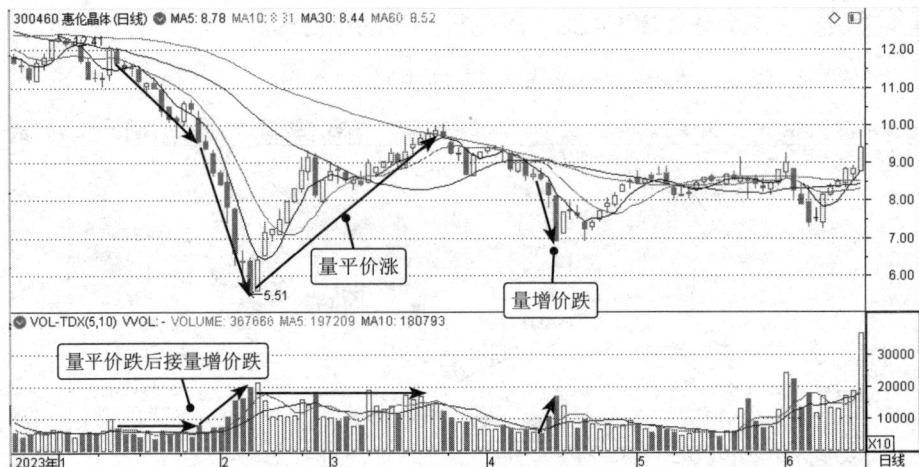

图5-34　惠伦晶体2023年12月到2024年6月的K线图

从图5-34中可以看到，到了2024年1月时，惠伦晶体的股价已经跌到中长期均线下方，并且量价关系由量平价跌转为量增价跌，说明卖盘在发力压价，很有可能是主力低位吸筹所致。

2月初，股价的反弹也证实了这一点，在反弹过程中，量价再度形成量平价涨背离，其含义与前面出现过的量平价涨一致，即短期看涨，投资者可尝试买入，但要注意股价是否能够突破中长期均线。

很显然，该股突破失败了，还在后续的下跌过程中出现量增价跌现象。这时候的量增价跌就不是主力吸筹导致的，大概率是其在出货，投资者不可继续停留。

第 6 章

K线专项技术综合实战

　　在实战中，准确辨别K线的特殊形态及其他指标形成的看跌、看涨形态是很重要的，这关系到投资者的建仓成本和获利空间。本章选取两只股票的两段行情，向投资者展示如何在真实的走势中借助K线形态寻找买卖点。

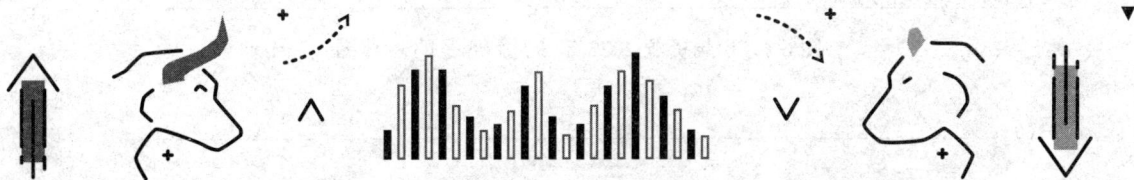

6.1　牛市K线买卖形态应用

在牛市中，能够辅助投资者建仓或加仓的看涨形态非常多，投资者可将前面几章学过的形态结合起来分析，同时注意压力线和关键突破位，看是否有特殊形态出现。

本节就以松炀资源（603863）的一段上涨行情为例，结合前期介绍过的多种K线形态寻找买卖时机。

6.1.1　上涨初期多个看涨形态

一般来说，一段稳定的上涨行情都有主力在参与推动，那么在正式拉升之前和上涨过程中，就可能出现各种具有主力特色的形态，比如量增价跌、光头光脚大阳线等。若投资者分析得当，就有机会跟上主力的步伐，增加收益，降低风险。

接下来通过实例进行深入学习。

实例分析　**相似形态连续出现暴露主力**

图6-1为松炀资源2022年3月到8月的K线图。

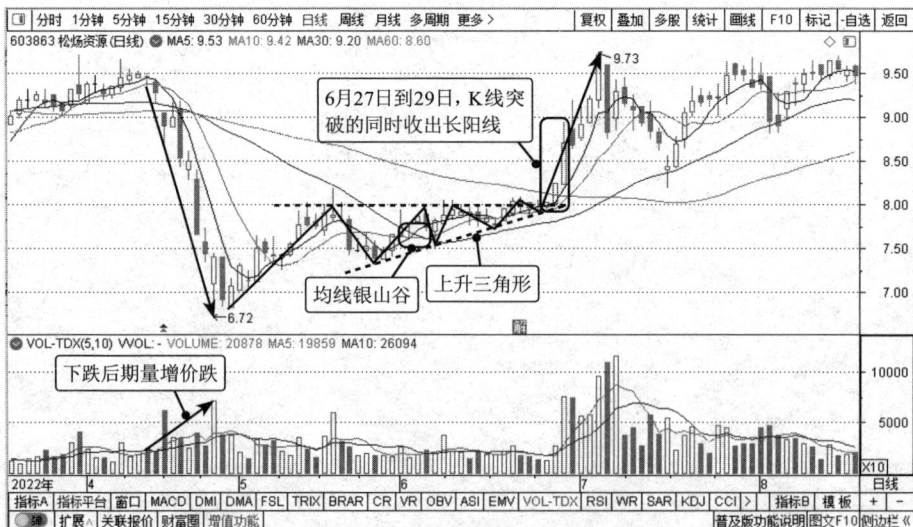

图6-1　松炀资源2022年3月到8月的K线图

如图 6-1 所示，松炀资源的股价正处于快速的涨跌趋势转变阶段。2022 年 4 月上旬，股价在缓慢上升至 9.50 元价位线附近后滞涨数日，最终快速转折向下，且跌速极快，短短数日价格就落到了最低 6.72 元。

这种突兀的转折很像主力的操作风格，而且下方明显放量的成交量也说明其中有主力在压价。结合当前位置来分析，主力有可能是在震仓，也有可能是在低位吸筹，属于短期看跌、长期看涨信号，投资者可持币观望。

4 月底，股价在低位横盘数日后拐头向上，很快攀升至 8.00 元价位线附近，也就是 30 日均线下方止住，随后回调整理，低点落在 7.50 元价位线附近。

这时候短期均线已经被 K 线扭转向上，但没能第一时间跟随突破 30 日均线，而且成交量也没有给予充足支撑，短时间内该股可能突破困难，谨慎型投资者还不着急介入。

在后续近一个月的时间内，股价反复向上冲击 8.00 元价位线但都失败了，说明 8.00 元价位线是一条关键压力线。但股价低点是在不断上移的，这又意味着市场多方在发力。而且在震荡期间，K 线已经越过了 30 日均线，也带动短期均线对其实现突破，三条均线交叉形成一个小小的银山谷，说明后市有继续上涨的潜力。

除此之外，分别连接这段时间内股价震荡的高点和低点，可得到一个清晰的上升三角形形态，进一步确认上涨信号，那么投资者在后续就要特别关注 K 线对上升三角形上边线的突破情况。

6 月底，突破时机来临了，K 线连续收出两根长阳线同时突破了上升三角形上边线和 60 日均线，同时成交量也有快速放量，传递出强烈的买入信号，下面进入这几日的分时图中寻找买点。

图 6-2 为松炀资源 2022 年 6 月 27 日到 29 日的分时图。

6 月 17 日的股价只是小幅上涨突破压力线。6 月 28 日，股价涨速明显加快，越过 60 日均线的位置后横盘整理，直至收盘。这时候投资者就可以看出突破的迹象了，反应快的投资者当天就能建仓。

6 月 29 日，股价刚开始还处于横向震荡状态，到了下午时段开盘后就在成交量的放量推动下直线拉升，说明主力正式开始推涨，市场追涨情绪热烈，投资者可跟进，从而降低持仓成本。

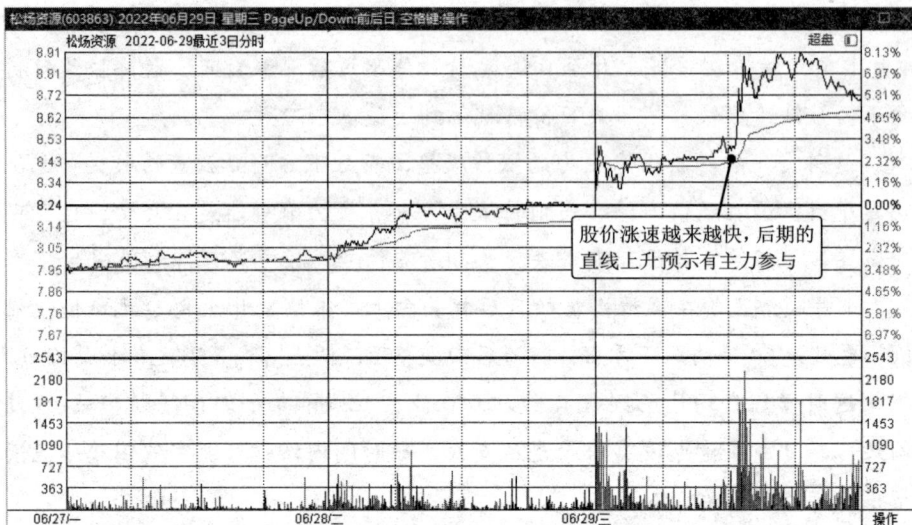

图 6-2　松炀资源 2022 年 6 月 27 日到 29 日的分时图

下面继续来看松炀资源后续的走势。

图 6-3 为松炀资源 2022 年 6 月到 11 月的 K 线图。

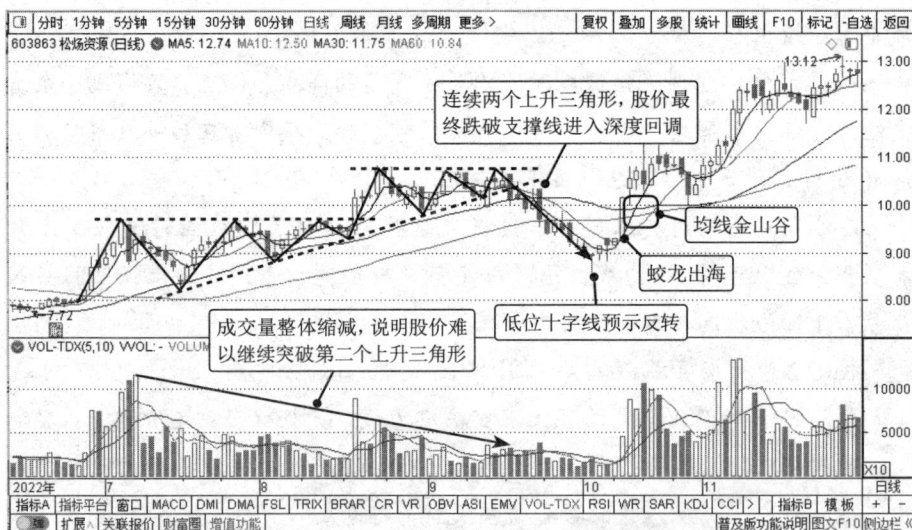

图 6-3　松炀资源 2022 年 6 月到 11 月的 K 线图

该股在实现突破之后，很快又在 7 月初于 10.00 元价位线下方受阻，并多次上冲失败。连接震荡期间的高点和低点，投资者又可以得到一个上升三角形形态。

短时间内出现的第二个上升三角形大概率是主力在维持，毕竟市场自然交易很难连续构筑出如此特殊的形态。那么其目的就很好理解了，因为当前涨幅不大，出货概率也就不大，所以，主力大概率是在通过反复的震荡来促进浮筹交换，将坚定看涨盘留下来，剔除浮动盘，减轻后市拉升压力。

由此可见，该股当前整体是看好的，投资者可保持持股，但不要着急加仓，需要等待突破时机到来。

8 月中旬，成交量放量推动 K 线收出长阳线突破上升三角形上边线，但仅仅数日后又在新的压力线处受阻。再加上成交量放量幅度不及前期，后续还有明显缩减，该股可能正在酝酿一波深度回调，投资者还需静观其变。

一个月后，投资者可以观察到又一个上升三角形的形成，根据前期得到的信息来看，如果成交量不能给予强力支持，该股是很难突破成功的。果然，在 9 月中旬，股价快速下滑，接连跌破上升三角形线下边线和两条中长期均线，进入深度回调甚至下跌行情之中，谨慎型投资者最好先卖出兑利，避开这一波下跌。

不过好在股价落到 9.00 元价位线附近就触底止跌了，还在触底当日收出一根带长下影线的实体极小的 K 线，根据前面所学理论来看，这一根小 K 线可视作低位十字线反转形态，投资者要准备好资金。

数日之后，股价迅速上涨拉出一根长实体阳线，自下而上穿越整个均线组合，形成蛟龙出海形态。与此同时，成交量也有明显集中放量，说明下一波拉升在即。而且在后续数日的上涨带领下，短期均线上穿 30 日均线构筑出一个金山谷形态，释放出积极信号，投资者可重新建仓或加仓。

6.1.2　上涨受阻的突破关键位置

在关键压力线长期阻碍价格上升时，不想浪费时间成本的投资者可以先行卖出，等到 K 线彻底突破压力线后再跟进。但股价具体的突破时机和突破形态尚不清楚，有时候投资者甚至连突破方向都没办法确定，就需要借助多方位的信息来观察，同时耐心等待。

接下来通过实例进行深入学习。

实例分析 突破位的K线买入形态

图6-4为松炀资源2023年6月到11月的K线图。

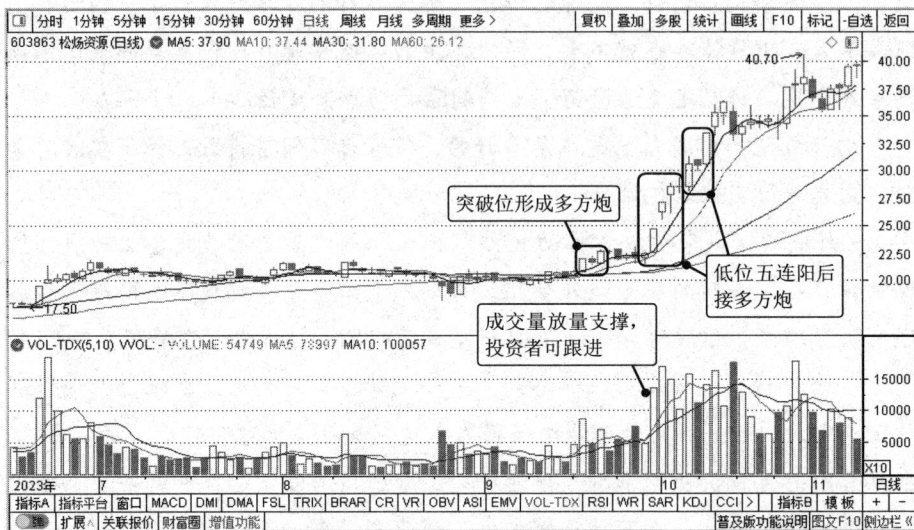

图6-4　松炀资源2023年6月到11月的K线图

在经历前期多个上升三角形的整理之后，松炀资源的股价一路上涨，在中长期均线的支撑下呈上山爬坡形态震荡攀升。到了2023年6月底，该股已经上涨至20.00元价位线附近，涨幅还是比较可观的。

不过该价位线后来也成了长久限制股价上涨的压力线，从图6-4中可以看到，股价在20.00元价位线附近横盘了近三个月，期间虽有适当涨跌，但都没有突破或跌破关键线，可见市场态度偏向观望，主力也没有着急推动变盘，那么投资者也要沉住气。

随着60日均线的靠近，均线组合开始和K线黏合在一起。大多数情况下，这种黏合都意味着变盘时机的临近，成交量的缩放表现也说明市场开始活跃，投资者要保持高度关注。

9月中旬，股价收出的一根阳线成功越到均线组合之上，尽管实体并不算大，但也开了一个好头。后续两日，该股收出一阴一阳两根K线，中间的阴线实体上端与前一根阳线的实体上端持平，下端则与后一根阳线的实体下端持平，这明显是一个标准的多方炮。

基于理论知识，多方炮是一个积极的看涨形态，放在突破位更意味着买进时机的到来，一直在观望的投资者这时就可以建仓了。

在后续的走势中，股价于 22.50 元价位线附近横盘数日后连续收阳向上，拉出一个低位五连阳形态，同时成交量也大幅放量推动，说明主力正在开启一波快速上涨。而且低位五连阳后面又接了一个多方炮，无疑是在催促投资者加仓以扩大后市获利空间。

6.1.3　上涨行情将尽时的卖点

上涨行情总有尽头，这时候中长线投资者需要将前期收益全部兑现，短线投资者也要抓住时机撤离，将短期收益落袋为安，这样才不辜负之前花费的时间和精力。至于如何抓住卖点，还要根据 K 线形态和各指标表现来看。

接下来通过实例进行深入学习

实例分析 上涨高位的卖出时机

图 6-5 为松炀资源 2024 年 1 月到 6 月的 K 线图。

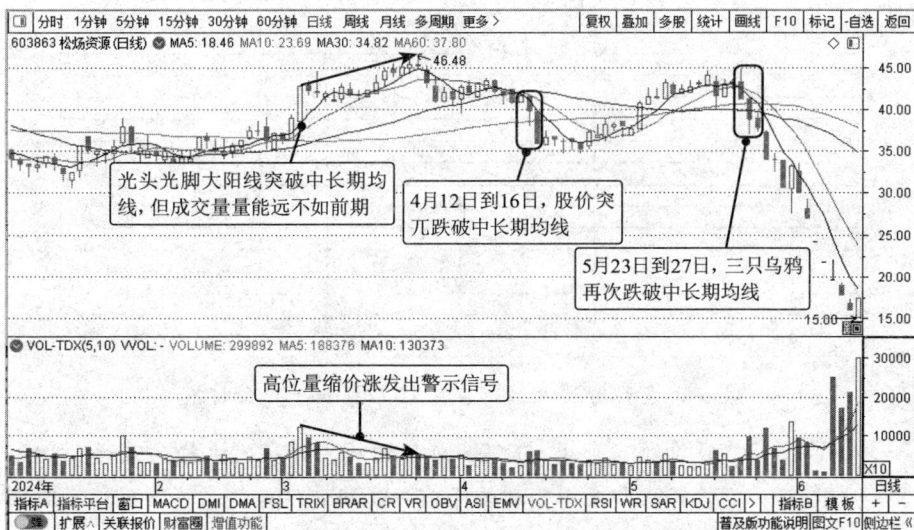

图 6-5　松炀资源 2024 年 1 月到 6 月的 K 线图

2024 年 1 月，松炀资源的股价结束上一波拉升后回调至 35.00 元价位线附近，随后在此长期横盘震荡，期间中长期均线起压制作用。

　　2月底，股价有了逐渐向上突破的迹象，K线一步步上升至中长期均线上方，还在3月初收出一根光头光脚大阳线，传递出突破信号，大量投资者也由此建仓或加仓跟进。

　　但需要注意的是，下方的成交量放量幅度相较于前期上涨阶段中的量能来说明显不及，甚至在后续震荡上涨的过程中还有缩量，形成量缩价涨的背离。这就说明主力注资力度减弱，市场动能不足，该股的上涨无法维持太长时间，深度回调或下跌行情即将形成。

　　接收到这些信号后，投资者在发现股价创出46.48元新高后拐头下跌靠近30日均线，就要保持高度警惕。当K线接连收阴迅速跌破30日均线和60日均线时，投资者更要尽快卖出止盈。

　　下面来看跌破的几个交易日中的卖点。

　　图6-6为松炀资源2024年4月12日到16日的分时图。

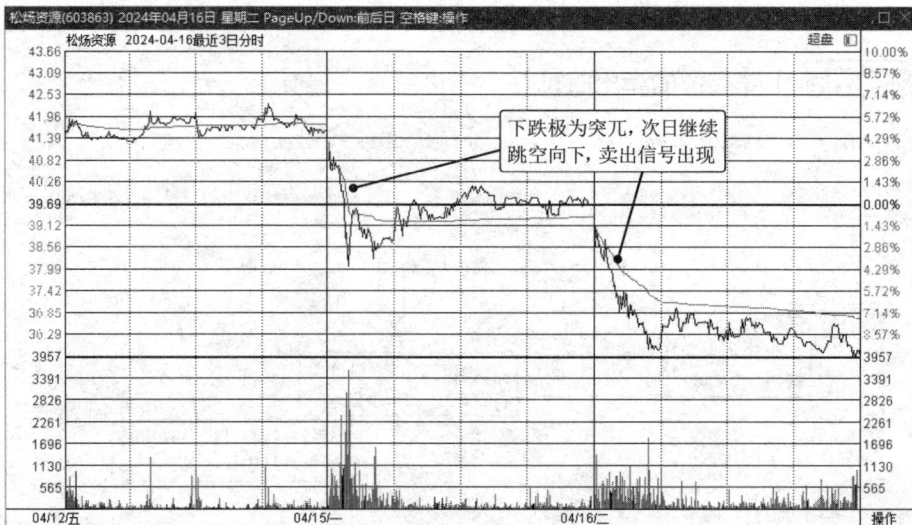

图6-6　松炀资源2024年4月12日到16日的分时图

　　4月12日，股价还只是小幅跌破30日均线，并在附近横盘震荡，但到了4月15日，股价开盘即跳水，相较于前日转折速度极快。虽然后续有所回升，但依旧没能挽救股价跌破30日均线的事实。

　　4月16日，股价更是跳空向下开盘，同样走出一波跳水下跌，最终收出的大阴线彻底跌破60日均线。结合前面量价表现出的反转信号来看，该股风险较大，谨慎型投资者应以卖出为佳。

回到 K 线图中继续观察后面的走势。该股此次并未彻底进入下跌行情中，而只是进行了一次深度回调。但回调结束后，股价也没能再上涨突破前期高点，在 45.00 元压力线下方横盘近半个月后依旧不见成交量放量推动，该股最终还是转折下跌。

在其下跌击穿两条中长期均线的同时，K 线构筑出三只乌鸦看跌形态，下面来看其分时走势中的警示信号，如图 6-7 所示。

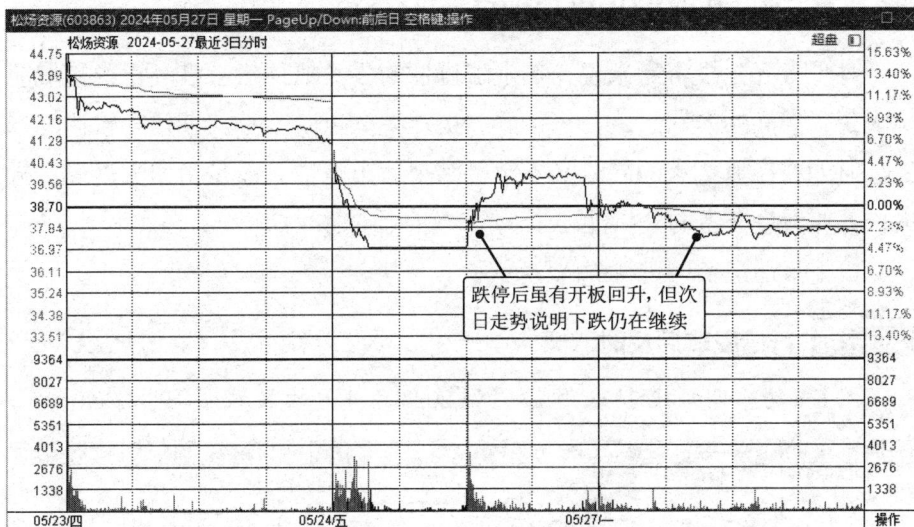

图 6-7　松炀资源 2024 年 5 月 23 日到 27 日的分时图

从三只乌鸦形态的联合分时走势中可以看到，该股在 5 月 24 日的跌幅最大，跌速也最快，股价一度落到跌停板上封住。但后来盘中出现一根巨大量柱砸开了跌停板，使得市场能够继续大量交易，这显然是主力所为，目的可能是方便出货。

跌停板打开后股价稍有回升，然而次日股价又转回了下跌。再加上 K 线图中股价跌破中长期均线的走势和成交量的放大压价，下跌行情已经成形，投资者不能再停留。

6.2　熊市 K 线止盈止损解析

下跌行情即便整体看跌，但依旧不乏投资者参与。其中有些是为了解套，有些是为了抢反弹盈利，有些则是判断失误误入场内的。但无论是何种类型的投资者，在熊市中操作时都要更加谨慎，在发现 K 线看跌形态后迅速卖出，才能更好地保住收益。

本节借助卓朗科技（600225）的一段熊市来介绍下跌行情中的 K 线看跌形态，以及投资者如何抓住合适的卖点。

6.2.1　行情反转时的止盈止损点

对于大部分投资者来说，在上涨行情的尽头抓住机会借高止盈是最能扩大获利空间的方法之一，一个好的卖点完全可以弥补前期建仓较迟的损失。但如何在抓卖点的同时又不至于踏空后市行情，或是卖出太迟反遭损失，就要看投资者的分析能力了。

接下来通过实例进行深入学习。

实例分析 行情反转后及时撤离

图 6-8 为卓朗科技 2022 年 12 月到 2023 年 4 月的 K 线图。

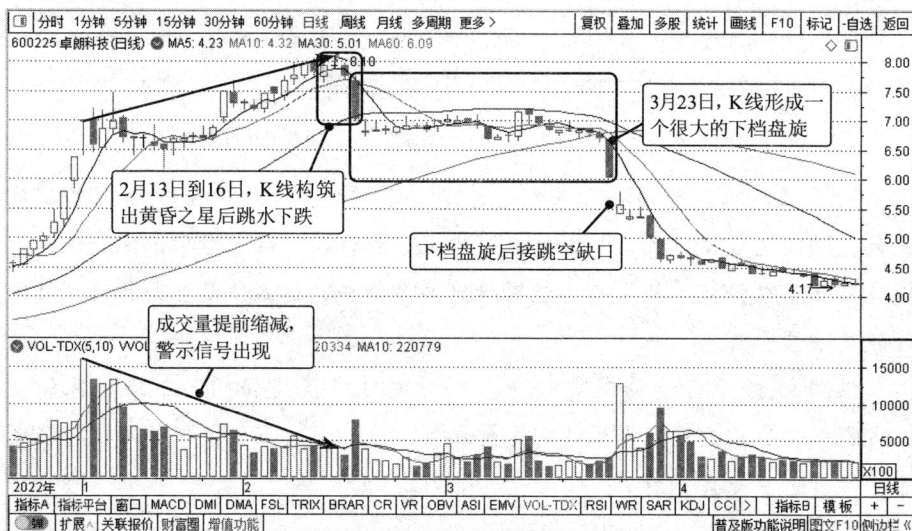

图 6-8　卓朗科技 2022 年 12 月到 2023 年 4 月的 K 线图

2022 年 12 月下旬，卓朗科技的股价处于加速上涨阶段，期间无论是成交量还是 K 线都表现出了积极的拉升，市场追涨情绪热烈，投资者获利颇丰。

这一波上涨在 7.00 元价位线附近受阻回调，回调期间成交量自然缩减。但在 2023 年 1 月底股价继续上涨冲击前期压力线时，成交量却没有给予更强的支持，而只有小幅放量，与后续创出新高的股价形成了量缩价涨的高位背离。

经过前期多个案例的学习投资者知道，这是上涨即将见顶的警示信号，谨慎型投资者在发现之后就应当尽快止盈卖出，惜售型投资者还可以再观察一段时间，看是否有转机。

2 月 13 日到 15 日，股价分别收出阳线、十字线和阴线，且十字星位于上方，阴阳线实体长度相当，属于黄昏之星 K 线组合形态。虽然因为阴阳线实体不算长，这个黄昏之星形态的反转信号并不强烈，但结合前期的量价背离来看，已经是比较明显的看跌信号了。

而且在 2 月 16 日 K 线还收出一根实体极长的阴线，低点向下接触到 30 日均线，卖出信号更加明显，下面进入分时走势中寻找卖点。

图 6-9 为卓朗科技 2023 年 2 月 13 日到 16 日的分时图。

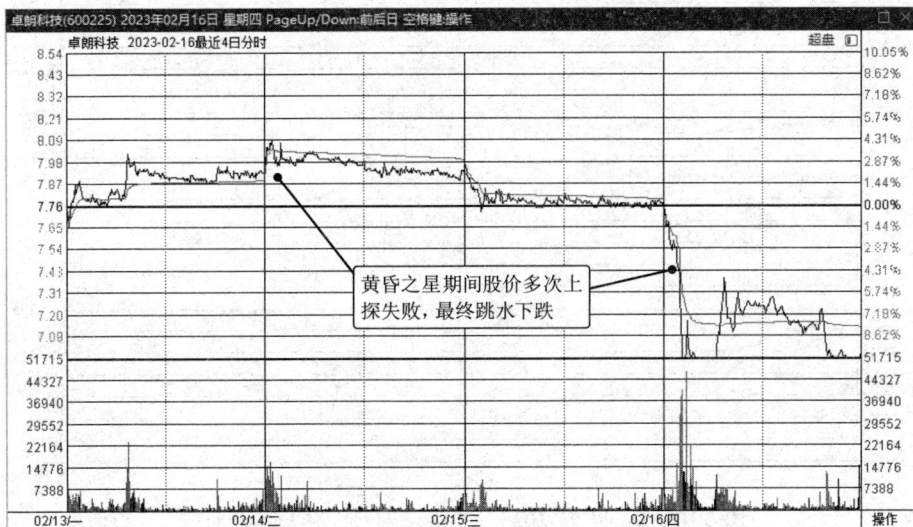

图 6-9　卓朗科技 2023 年 2 月 13 日到 16 日的分时图

图 6-9 为黄昏之星三日及跳水下跌当日的分时走势，从图 6-9 中可以看到，股价在黄昏之星构筑期间有过多次上冲失败的尝试，最终跌到相对低位横盘。

反应快的投资者这时已经出局了，而更多的投资者是等到2月16日开盘后股价跳水下跌时才发现不对，进而迅速挂出卖单。然而以当日跌停的速度来看，这部分投资者的短期损失也是不小的。

回到K线图中继续观察后面的走势。该股在2月16日之后就落到7.00元价位线上长期横盘，期间收出的K线实体普遍较小。此时的30日均线也被扭转走平并长期覆盖在K线上方，后市该股是否能够突破该压力线，关系到投资者是否还能继续建仓盈利。

3月下旬，随着60日均线的不断靠近，变盘的时刻到来。可惜的是，因为成交量没有再给予放量支撑，股价只能向下变盘，而且还在3月24日收出了一根与2月16日的阴线实体相差无几的大阴线，再与中间横盘震荡的K线结合形成一个很大的下档盘旋形态。

除此之外，下档盘旋形成的同时股价跌破中期均线，之后还跳空向下开盘形成大缺口，下面来看这两日的分时走势，如图6-10所示。

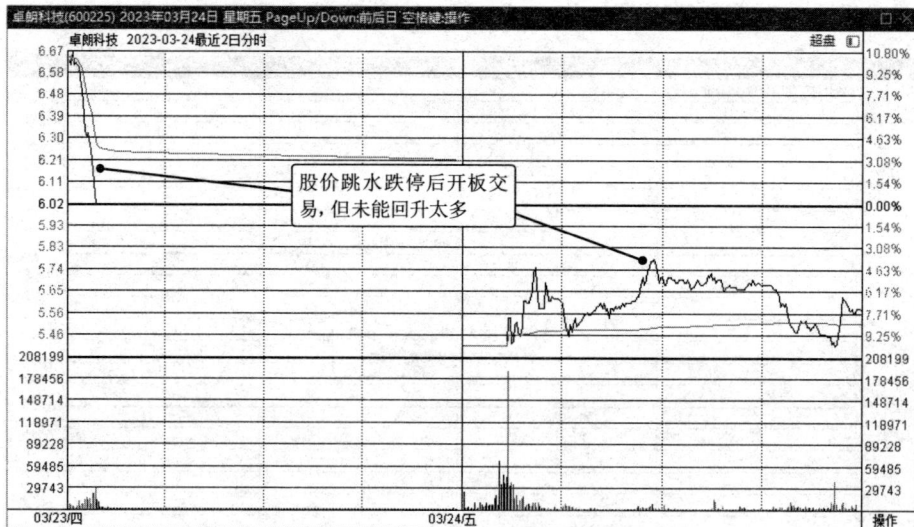

图6-10　卓朗科技2023年3月23日到24日的分时图

3月23日，股价在开盘后几分钟内就被压制直线下跌，迅速落到跌停板上封住，直至收盘都没有打开，由此也套住了不少投资者。

次日，该股跳空向下以跌停开盘，不过半个小时后就被一根巨大的量柱砸开，随后回升交易，市场中涌出大量止损盘，主力也在借此机会迅速出货。

尽管该股当日收出的是一根阳线，但投资者不能将其当作反弹机会，毕竟前期的下档盘旋和跳空缺口已经证实了下跌的形成，投资者需要尽快卖出，避开后市的大幅下跌。

6.2.2　强势反弹的买卖时机

下跌行情中偶尔也会出现比较迅猛的反弹，即股价能够突破中长期均线。这种反弹带来的短期收益还是比较值得参与的，不过投资者买入的仓位不能过重，且一定要注意把握止盈止损点。

接下来通过实例进行深入学习。

实例分析　反弹期间盈利注意把握卖点

图 6-11 为卓朗科技 2023 年 5 月到 10 月的 K 线图。

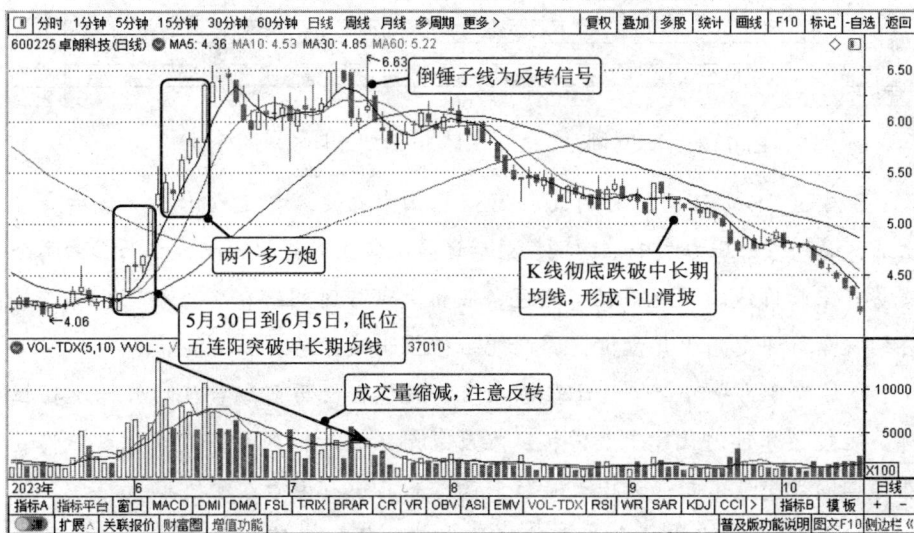

图 6-11　卓朗科技 2023 年 5 月到 10 月的 K 线图

从图 6-11 中可以看到，到了 2023 年 5 月，卓朗科技的股价已经跌到 4.00 元价位线上方横盘震荡，前期的快速下跌导致 60 日均线与 K 线距离较远，因此压制力也更强，股价要实现突破必须要有量能支撑才行。

5 月下旬，成交量已经开始有所放大了，只是没有第一时间将价格推涨向上。直到 5 月底，随着成交量的逐日放大，股价才开始接连收阳拉升，形成一个低位五连阳的同时也突破了两条中长期均线。

下面来看一下低位五连阳形成过程中的买点。

图 6-12 为卓朗科技 2023 年 5 月 30 日到 6 月 5 日的分时图。

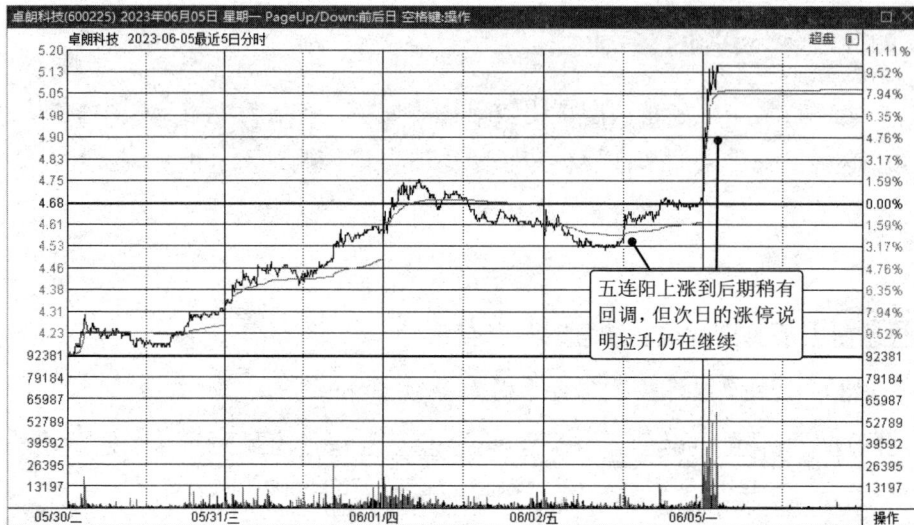

图 6-12　卓朗科技 2023 年 5 月 30 日到 6 月 5 日的分时图

5 月 30 日和 31 日的分时走势有一定相似之处，都是股价在开盘后震荡上涨，遇到某一压力线小幅回调，最后还是继续上升，收出阳线。而后面两个交易日中股价线的表现就稍有逊色，股价大部分时间都在下跌整理，不过最终的收盘价还是高于开盘价，因此能维持住阳线形态。

6 月 5 日的分时走势就比较惊人了，股价在经历前期整理后开始迅猛拉升，短短数分钟内就冲上涨停板，在反复触顶之后彻底封板直至收盘。临近涨停期间成交量不断释放出大量柱，意味着其中有主力在积极推升。

结合外部 K 线突破中长期均线的走势和低位五连阳形态，反应快的投资者当时就可以建仓，抓住后续强势反弹甚至上涨行情的涨幅。

回到 K 线图中继续观察。该股在此之后仍保持着积极上涨状态，并连续形成两个多方炮，看涨信号延续，有能力的投资者还可以尝试加仓。

但需要注意的是，在拉升期间成交量已经出现明显缩减，量缩价涨的背离警示投资者注意反转的到来。那么当谨慎型投资者发现股价在 6.50 元价位线上受阻下跌，且后续上冲也只是小幅突破前期高点，K 线还收出一根顶部倒锤子线看跌形态时，就要考虑清仓卖出了。惜售型投资者在观察到股价下跌扭转中长期均线形成下山滑坡后，也不能继续停留了。

6.2.3 短期反弹结束 K 线形态止损

下跌行情中有强势反弹也有持续时间不长的反弹，尽管投资者都可以尝试参与，但面临的风险是不一样的。在小幅反弹中，中长期均线对卖点的预示作用非常有效，当投资者发现股价在中长期均线附近受阻，有形成转折的迹象时，就可以先行卖出观望。

接下来通过实例进行深入学习。

实例分析 短期反弹注意及时出局

图 6-13 为卓朗科技 2024 年 1 月到 6 月的 K 线图。

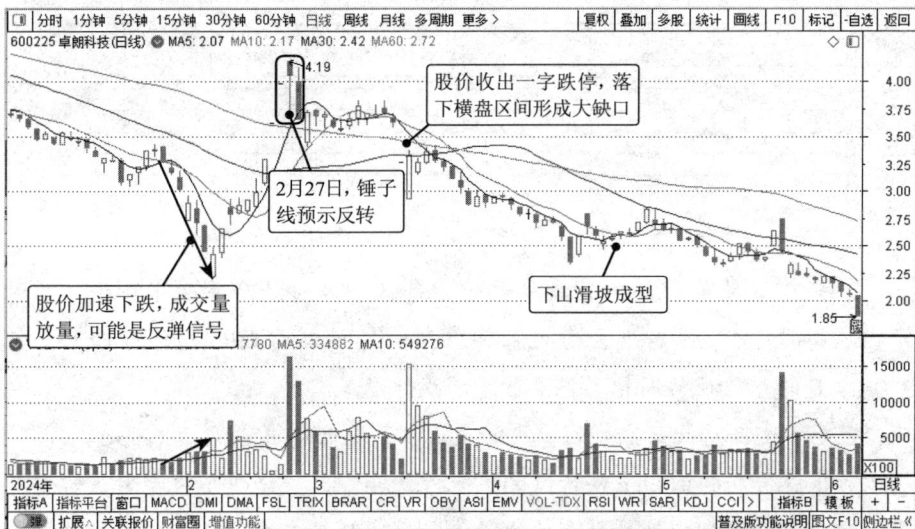

图 6-13 卓朗科技 2024 年 1 月到 6 月的 K 线图

2024 年 2 月初，卓朗科技的股价已经跌到 2.50 元价位线以下。不过在最后一波下跌中该股跌速明显加快，成交量也有小幅放量，疑似主力压价吸筹的表现，那么投资者就要注意后续是否会产生反弹。

在 2.25 元价位线附近触底的当日，该股就反转向上收出长阳线，且在后续几个交易日内接连上涨，很快便在 2 月下旬突破了 30 日均线的压制，甚至在突破60日均线的同时收出两根一字涨停。

如此快速的拉升比起上一节案例中的低位五连阳更加惊人，因此也具有极强的迷惑性，大量投资者挂出买单试图追涨。但该股在2月27日形成的一根锤子线推翻了这些投资者的推测，下面来看一下具体情况。

图6-14为卓朗科技2024年2月26日到28日的分时图。

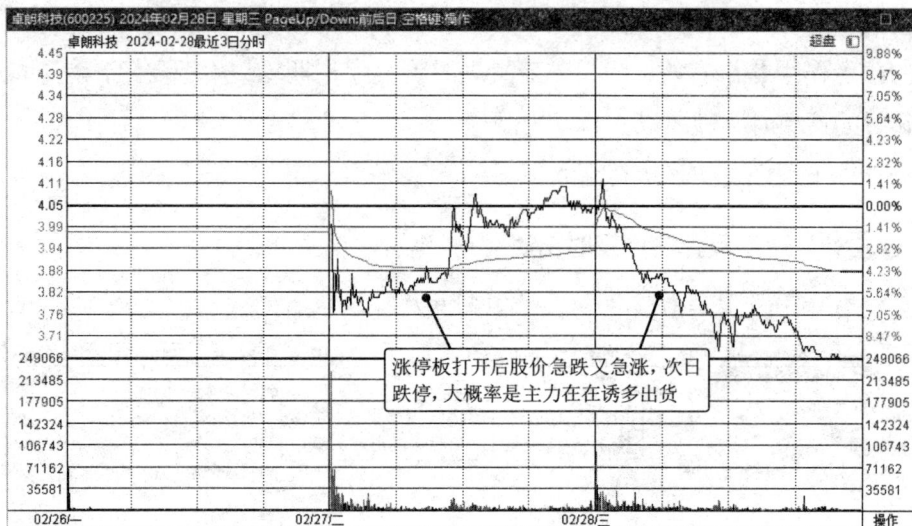

图6-14　卓朗科技2024年2月26日到28日的分时图

2月27日股价以高价开盘后第一分钟就被大量能压制跳水下跌，短时间内跌幅超7%，明显是主力大批抛售所致。虽然该股后续仍有回升，但2月28日的股价跌势同样迅猛，最终以跌停结尾。

显然，这可能就是主力的一次诱多出货，如此大的量能应当不是在震仓，所以后市股价反转回归下跌行情的可能性就非常大。谨慎型投资者这时候就要及时卖出，惜售型投资者在后续股价以一字跌停击穿中长期均线后也要立即止损。

至此，本书对K线特殊买卖形态的解析就结束了，这里需要提醒投资者，理论知识应用到实战中并非"百战百胜"，市场中影响价格变动的因素很多，更不要说还有实操经验丰富的主力在参与。如果投资者完全按照理论操作，就有可能落入陷阱，因此，需要灵活、多方面分析和运用。